# 星云说喻

丛书

# 精进得成功

精是不杂，进是不退。

磨砺、拓展生命的韧性，稳步走向成功

星云大师 著

中華書局

**图书在版编目(CIP)数据**

精进得成功/星云大师著. —北京:中华书局,2016.7
(星云说喻)
ISBN 978-7-101-11106-4

Ⅰ.精…　Ⅱ.星…　Ⅲ.佛教-人生哲学-通俗读物
Ⅳ.B948-49

中国版本图书馆 CIP 数据核字(2016)第 043556 号

| | |
|---|---|
| 书　　名 | 精进得成功 |
| 著　　者 | 星云大师 |
| 丛 书 名 | 星云说喻 |
| 责任编辑 | 贾雪飞 |
| 出版发行 | 中华书局<br>(北京市丰台区太平桥西里 38 号　100073)<br>http://www.zhbc.com.cn<br>E-mail:zhbc@zhbc.com.cn |
| 印　　刷 | 北京瑞古冠中印刷厂 |
| 版　　次 | 2016 年 7 月北京第 1 版<br>2016 年 7 月北京第 1 次印刷 |
| 规　　格 | 开本/889×1194 毫米　1/32<br>印张 6⅞　插页 8　字数 130 千字 |
| 印　　数 | 1-8000 册 |
| 国际书号 | ISBN 978-7-101-11106-4 |
| 定　　价 | 34.00 元 |

星雲

# 星云大师传略

大师生于一九二七年，江苏江都人。幼年家贫，辍学，因父母忙于家务，随外祖母长居多时。后卢沟桥中日战起，父或因战火罹难，与母寻父途中，有缘于南京栖霞山礼志开上人披剃，实际祖庭为江苏宜兴大觉寺。

一九四九年至台湾，大师担任台湾佛教讲习会教务主任，并主编《人生》杂志。一九六七年于高雄开创佛光山，树立“以文化弘扬佛法，以教育培养人才，以慈善福利社会，以共修净化人心”之宗旨，致力推动“人间佛教”，并融古汇今，手订规章制度，印行《佛光山清规手册》，将佛教带上现代化的新里程。

大师出家七十余年，于全球创建二百余所寺院，十六所佛教学院，二十三所美术馆、图书馆、出版社、书局等，相继成立育幼院、佛光精舍、慈悲基金会，捐献佛光中小学和佛光医院数十所，从事急难救助，育幼养老，扶弱济贫事业。

一九七六年大师创办《佛光学报》，翌年成立“佛光大藏经编修委员会”，主持编纂《佛光大藏经》及《佛光大辞典》。一九八八年成立佛光山文教基金会，主要致力于举办学术会议，出版学术论文集、期刊等。一九九七年主持出版《中国佛教经典宝藏精选白话版》一百三十二册、《佛光大辞典》光盘版，设立“佛光卫星电视台”（后更名为“人间卫视”），并于台中协办广播电台。二〇〇〇年创办《人间福报》，是为第一份由佛教界发行的日报。

二〇〇一年，大师将发行二十余年的《普门》杂志转型为《普门学报》论文双月刊，收录海峡两岸有关佛学的硕、博士论文及世界各地汉文论文，辑成“法藏文库”《中国佛教学术论典》共一百一十册。二〇一三年，主持出版《世界佛教美术图说大辞典》二十卷册。二〇一四年主持出版《佛光大辞典》增订版、《献给旅行者 365 日——中华文化佛教宝典》以及《金玉满堂》人间佛教教材。

大师著作等身，撰有《释迦牟尼佛传》《佛教丛书》

《佛光教科书》《往事百语》《佛光祈愿文》《迷悟之间》《人间万事》《当代人心思潮》《人间佛教当代问题座谈会》《人间佛教系列》《人间佛教语录》《人间佛教论文集》《僧事百讲》《百年佛缘》等著作近百部，总计二千余万言，并被译成英、德、日、韩、西、葡等二十余种语言，流通世界各地。

大师教化弘广，有来自世界各地跟随出家之弟子两千余人，全球信众达数百万。大师一生弘扬人间佛教，对“欢喜与融合”“同体与共生”“尊重与包容”“平等与和平”“自然与生命”“圆满与自在”“公是与公非”“发心与发展”“自觉与行佛”等理念多所发扬。一九九一年成立国际佛光会，大师被推为世界总会会长，后于五大洲一百七十余个国家地区成立分会，成为全球华人最大的社团，实践“佛光普照三千界，法水长流五大洲”的理想。二〇〇三年，国际佛光会通过联合国审查，正式加入“联合国非政府组织”(NGO)。由于大师在文化、教育及关怀全人类之突出贡献，先后荣膺世界各大学颁赠荣誉博士学位多个，国际间获奖无数。

大师致力于中华文化复兴及两岸文化交流，成果斐然。二〇〇四年，大师应聘担任“中华文化复兴运动总会”宗教委员会主任委员，与基督教、天主教、道教等领袖，共同出席“和平音乐祈福大会”，促进宗教交流，发挥宗教净化社会人心之功用；先后与著名汉学家马悦然教授（斯德哥尔摩大学、诺贝尔文学奖终身评委）、罗多弼教授（斯德哥尔摩大学）、傅高义教授（哈佛大学）及诺贝尔文学奖得主莫言先生等人进行人文交流座谈。

近年，大师于江苏宜兴复兴祖庭大觉寺，并捐建中国书院博物馆、扬州鉴真图书馆、南京大学佛光楼，成立扬州讲坛、星云文化教育公益基金会等，积极推动文化教育，以期能促进两岸和谐发展，共创繁荣新局面。

大师一生弘扬人间佛教，对佛教制度化、现代化、人间化、国际化的发展，可说厥功至伟！

# 自序：我愿化作一点心光

古老的佛经，往往以譬喻的形式，巧妙地铺陈甚深的妙义，如《阿弥陀经》中，以宝池、楼阁等种种声光形色，或隐或现地引喻极乐世界的华丽和香洁。又如《普门品》以种种厄难为喻，为我们描绘观世音菩萨寻声救苦时，种种无畏的清净和慈悲。

佛经往往以譬喻为渡船，救人上岸；以譬喻为灯光，照破昏暗；以譬喻为井泉，赐人清凉。在繁忙紧凑的现代生活步调中，也许一则故事的引领，能破解你多年沉淀心头的世情公案，一两句法语可以激起你内在革新的力量，为身心加油，为生活助力。

当白日的喧嚣散去，夜半的一盏灯，一杯茶，一则说喻，化身为心灵知己，与你素面相见，叙谈友情、家庭、世情、人生。

《星云说喻》丛书共十册，是集我在电视台“星云说喻”栏目中所讲的古今中外近千则譬喻故事而成。我祈愿读者阅读这些譬喻，如山泉洗涤人间的尘垢，使人人心镜洁净，灵台清明；祈愿读者以廓然的风姿，行化于红尘俗世间，念念觉醒于声色幻影之不实，从而回头开垦一亩心田。

与众生携手，我愿奉献身心为炬，化作一点心光，纵使此身被烧烬成灰，也是心甘情愿。

中华书局简体字版《星云说喻》丛书付梓在即，我喜为之序。

星云

二〇一五年二月

# 目 录

# 人命在几间

懂得人命在呼吸间，才懂得珍惜每一分钟、每一个念头。

人命无常如水上泡，稍纵即逝，不懂时刻把握，一待病魔、情魔叩门时，我们以何安住身心？无常的示现，不是要我们消极面对，反而警诫生命不是长久的真相，人不会长生不死的。深明生命之危脆，就不会把歉疚带进棺材里，反而更积极地完成心愿，发挥生命之光。

《四十二章经》中有一段关乎生命的问答。佛陀对弟子们说："现在我要问你们一个问题：人的生命到底有多么危脆无常？"

一个弟子回答说："佛陀，人的生命不过百年之间。"

佛陀说："你还未知道。"

一个弟子回答："人命就在昼夜之间。今晚脱下袜和鞋，谁也无法肯定知明天起来否？"

又有一个弟子回答："人命在饭食间，有的人在一餐饭之间，死亡已走向他的身边。"

佛陀还是说："你们还未知道。"

佛陀再一次向弟子问："人命究竟多么无常呢？"

"佛陀，人命在呼吸间。一口气不来，生命就结束了。"

佛陀说："善男子！你是与道相应的修行人，已懂得生命的意义。"

懂得人命在呼吸间，才懂得珍惜每一分钟、每一个念头。当我们认识到死亡如影相随，自会对所有的人、事重新认识，对生命有更深的理解，能从物质的追求升华至精神生活的圆满。人命在呼吸间，一吸清醒活在当下的因缘，一吐不对稍前所做的悔恨。不痴妄，不追悔，生命自能如佛所说："不悲过去，不贪未来，心系当下，由此安详。"

# 佛陀的生日礼物

引渡我们生命迷津的人，哪怕只是一句一偈、片言只字，那个人就是佛。

有一天，佛陀的众多弟子们商讨着，再过几天就是佛诞日，要用什么来表示他们心中的敬意呢？有人提议写一首赞诗，献给佛陀；有人悄悄把信徒供养的上等袈裟作为生日礼物；有人准备当天用美妙的歌声来赞颂佛陀的恩德。弟子们绞尽脑汁，希望能给佛陀一份惊喜。

佛陀看出弟子三五成群地聚集在一起，彼此窃窃私语，连坐禅时，也漫不经心。佛陀告诉阿难，今日乞食完毕，召集比丘在讲堂内集合。佛陀环视满座的比丘，慈悲地垂询："你们几日来，为何心神不宁？在禅坐经行时，散漫掉举，是什么干扰了你们宁静的心湖？"

弟子们默然不语，佛陀沉思几分钟后，见弟子们个个三缄其口，于是对弟子们说："你们不肯说出原因，那就是我教化无能，使你们心有所畏惧，因此我应当自我处罚。七日内，我水米不进，不离此座。”弟子们听到佛陀要七日绝食，只好说出事情的始末。佛陀叹了一口气说：“你们用赞诗、歌咏、上好袈裟，来庆祝佛的生日，这是不如法的。因为佛遍一切处，只要听闻他的一句一偈，即是佛的化身。”要如何感恩佛德呢？

世间的珍玩宝贝、饮食百味、散华天乐等，都不能真正报答佛恩。真正报佛恩者，对于佛陀所说的法，生起恭敬爱重之念，以戒为师，依法安住，发胜上心，慈悯有情。此人，才是真正报佛恩的人。

佛陀说，佛遍一切处，只要是把我们从热恼引向清凉，从煎熬引向解脱，从贪恋引向喜舍，从啼哭引向安乐，引渡我们生命迷津的人，哪怕只是一句一偈、片言只字，那个人就是真佛。

感谢生命中领航的人，自己也要发起善心：化成人海的一盏灯，给夜行的人指引方向；成为一艘船，让浮沉的人登上彼岸；成为一部车，给疲倦的人休息养神；成为一句话，使软弱的人重获生机。

# 拂尘扫垢

开悟的扫把，人人手中不缺，只要我们不要忘记拂尘扫垢。

佛陀的弟子周利盘陀伽，生性愚钝，他背诵经文，连一句都记不住，深感自卑苦恼。

有一天，佛陀看到他掩面哭泣，上前问他："周利盘陀伽，你为什么哭呢?"他啜泣着说："因为哥哥教我一句经文，我三个月都背不出来。他说有我这种笨弟弟，他觉得很难为情，他打我耳光，要把我赶出僧团。"

佛陀对他说："周利盘陀伽，你不要再伤心了，你记不牢经文，没有关系，我来教你。"于是，佛陀拿着一把扫帚，为他示范扫地，教他每天扫地的时候，念着"拂尘扫垢"。周利盘陀伽每天勤快地扫地，刚开始记了"拂尘"就忘记"扫垢"，念了"扫垢"就把"拂尘"忘了，总是念不全那四个字。虽然他是这么的笨拙，佛陀仍旧一遍一遍教他念着“拂尘扫垢”。

半年后，周利盘陀伽终于记得“拂尘扫垢”四个字。久而久之，他的心因为专注于扫地，慢慢地引发了定慧之力，从心外的尘垢警醒到心内的污浊。

一年后，周利盘陀伽为自己扫出一片光明的心地，明白“拂尘扫垢”的甚深法义。一把扫帚，使一个愚笨拙劣的人变得聪明敏捷。僧团里的大众也从他身上领会到，不只是一把扫帚可以使人开悟，只要不轻视自己，贯注身心开悟的机会，人人有份。

开悟的因缘处处在，可惜我们往往妄自菲薄，自甘低下。佛门的祖师大德，有的用煮饭圆熟胸中的光风霁月；有的用劈柴截断轮回的重重葛藤；有的用挑水荷起菩萨的绵绵情义。开悟，不是佛菩萨的久远故事，开悟，就在今夜此时，人人自家本分事。

开悟的扫把，人人手中不缺，只是我们不要忘记拂尘扫垢，不能任凭心内布满贪欲、愤怒、愚痴、邪见、嫉妒等等尘垢，使自己这座庙堂蛛网密结、栋梁颓废，久久不见袅袅一缕清香。

# 为众生摆渡

人身难得，这个身体是我们今生借住的房子，我们要以慈悲为梁木，喜舍为钢骨，柔软为水泥。

有三位比丘谈论着世界上什么东西最难得。

第一位比丘说："世界上，最难得的是青春永驻，健康长寿。一个人即使家财万贯，但是老病来时，再也享受不到五欲的快乐。"第二位比丘说："最难得的是知心伴侣，能够患难与共。一个人得到全世界的权势，如果没有一个肝胆相照的朋友，寂寞孤单，就像失去香味的花，不会有蜂蝶的环绕。"第三位比丘说："我认为最难得的是美满的眷属。一个人有健康的身体，有知心的朋友，但是眷属相怨争斗，又有何用？每天像生活在人间的炼狱，求出无期。"

佛陀听到三位比丘的议论，于是决定召集大众。秋天的节气，散发清爽怡人的氛围，空旷的绿野，微风徐徐吹来。佛陀告诸比丘说:“世界上什么最难得?不是健康长寿,不是知心伴侣,不是美满眷属。我来说一个故事给你们听。”

“大海中,有一只盲龟,它的寿命无量劫数,历经千百亿的沧海桑田。它平时深藏于千丈深海,百年才得以出水一次。又有一块浮木,中有一孔,漂流海浪,随风东西。盲龟百年才出水一次,想要遇到浮木,已经是机会渺茫,更何况要值遇浮木的孔洞,驮负它登岸?盲龟和木孔相遇,尚有千万分之一的机会,但是凡夫漂流五趣之海,想要还复人身,比盲龟登岸难上万倍!”

佛陀撮取地上的泥尘,打开手掌,对比丘说:“众生得人身者,如我手上泥,失人身者,如大地尘。什么最难得?人身最难得。比丘们,你们要谛听思惟呀!”

一失人身,万劫难逢,这不是佛经的古老格言,而是生命中不可或缺的认知,使我们珍惜此生,疼惜当前的因缘。人身难得,这个身体是我们今生借住的房子,我们要以慈悲为梁木,喜舍为钢骨,柔软为水泥。这幢房子,不论往来迎送,人人皆大欢喜。什么最难得?千金散尽还复来,幻化身躯虽然几十寒暑,但是借假才能修真,能够善用有涯生命,做众生摆渡,最为难得。

# 天眼第一

修行如弹琴，太紧琴弦会断，太松没有声音。唯有行于中道，把心放得平和，才能参出一点道理。

阿那律尊者为佛陀十大弟子之一，也是佛陀的堂弟。佛陀成道后，回到故乡弘化，阿那律便和跋提、阿难等七位王子一起跟随佛陀出家学道。

有一天，佛陀在讲经说法时，看到阿那律在打瞌睡觉，以一偈呵斥他："咄咄汝好睡，螺蛳蚌壳内，一睡一千年，不闻佛名字。"

佛陀接着问："阿那律，你出家学道，是因为畏惧王法、害怕盗贼吗？"

"不是的，是为了解脱生老病死苦。"

"你虽然道心坚固，但是为什么在听法时睡着了呢？"

"世尊，请您原谅弟子的懈怠！从今以后，我愿尽形寿，用心办道！”阿那律合掌真诚忏悔。

从此，阿那律更加精进修行，终日不曾合眼。佛陀对此甚为挂念，于是劝慰他：“众生以食为生，眼以眠为食，就是涅槃也要饮食啊！”

“世尊，弟子的眼睛没有关系。但是涅槃以何为食呢？”

“以不放逸！但未达涅槃境界之前，还是需要适量睡眠的。”

然而，阿那律仍然坚持自己的立愿，勇猛精进于修行，分毫不懈怠，长久下来，他的眼睛终于瞎了。

阿那律失明后，生活上有许多不方便，慈悲的佛陀不但为他缝制三衣，还教他修习金刚照明三昧。阿那律依照佛陀的教导修学，不久即证得天眼通。

常人贪慕轻安，讲究享受，对于修道就不能发勇猛精进心。可是如果过于勇猛，则无法得力。佛陀曾开导弟子闻二百亿比丘说，修行如弹琴，太紧琴弦会断，太松没有声音。太紧太松都容易出毛病，唯有行于中道，把心放得平和些，才能在具足正见的修行当中，参出一点道理！

# 四等马与四等人

自己究竟属于何等根性？有没有踏踏实实地过生活？

曾经，佛陀遇到一群养马人，养马人告诉佛陀："世间有四种马：上等马，能与御者心意相应，只要扬起马鞭，就会风驰电掣地向前跑；二等马，只要吆喝一声，就知道要加快脚步奔驰；三等马，必须御者鞭策，才能惊觉快行；四等马非常驽钝，即使狠狠抽打，也不肯快行。"

佛陀也告诉养马人："世间也有四等人：上等人，目睹事事无常，就明白人命在呼吸间的道理，而精进办道；二等人，必须遇到挫折打击，亲友离散，深受人事无常之苦，才知及时修行，赶快学道；三等人，必须以大苦大难重重锤炼，才警觉修行的重要；四等人，纵使撒手人寰，也无法觉悟，只抱着长恨永眠枯坟黄土中。"

佛陀与养马人的一段对话，我们能不能以之自觉自悟：自己究竟属于何等根性？有没有踏踏实实地过生活？是不是发挥了生命本有的灵性与光彩？

人活一生，可以为国家、为民众牺牲奉献，可以好好经商创业，可以安分守己，可以活得开怀，也可以贪图安求，浑噩度日。要怎么过生活，完全在于自己的追求和选择。

# 洗涤尘心

我有让尘埃浊身染心吗？我有把自己的心洗涤清净吗？

每年到了繁花争妍的四月天，常听到佛教信徒赞颂："恭维往昔三千年，花卉争妍四月天，蓝毗尼园狮子吼，大同世界我称先。"这一首偈语是描述当年释迦牟尼佛在蓝毗尼园，从摩耶夫人右肋下降诞的时候，阳光普照，花卉争妍，九龙吐水，金盆沐浴的殊胜景况。佛陀一出生便走了七步路，一步一朵莲花，并且一手指天，一手指地，开口说道："天上天下，唯我独尊。"

为此，迦毗罗卫国上上下下，从净饭大王、群臣到全国人民都十分讶异，怎么会有这许多奇异的现象呢？所以悉达多太子自出生，便备受社会大众的关怀与注意。直到十九岁，出游四城门，看到人的生、老、病、死，看到整个社会，将人区分为高贵的婆罗门、刹帝利，和贫贱的吠舍、首陀罗的不平等阶级意识，以及弱肉强食，种种困苦，不平等现象，让他深深觉得困惑，更因为没有办法解决这许多问题，而深陷苦痛当中。

为解救苦难众生，他毅然远离家乡，出家学道，苦行六年，终于在三十一岁的时候，于菩提树下金刚座上，夜睹明星，成等正觉。世人尊他为“佛陀”，即觉者之意。后来，定他出生那一天为佛诞节，作为追思纪念。

这一天，寺院会举办浴佛法会等各种活动，僧众信众共襄盛举，一同庆祝。过去有人以为：“我身上的衣服不干净，我不敢去浴佛。”“我的手没有洗，我不敢去浴佛。”其实，佛陀本自清净，不需我们替他洗浴；也不是要我们洗手、洗衣服，而是借由浴佛，让内心清净朗然，同时自问：这一年来，我有让尘埃浊身染心吗？我有把自己的心洗涤清净吗？

如是洗涤，如是自问，人人本具的光辉、清净自能光照身心，与佛交相辉映。

# 琴弦有紧松

不急不缓、不苦不乐、不忙不闲，把身心安住在中道的生活里。

佛陀在世时，出家弟子中有一位修行十分精进勇猛的闻二百亿，由于太过精进勇猛，在刻苦的修持下，身体逐渐疲惫，虽到了难以支撑的地步，仍开不了悟，心中非常烦恼，因此，就向佛陀请求还俗。

“佛陀！出家修行太辛苦了，我要回到世俗去！”

佛陀慈悲端详眼前这位既疲倦又沮丧的弟子，问道：

“你过去是做什么的？”

“我是弹琴的音乐家。”

“我问你：假如琴弦绷得很紧，弹的结果会怎么样呢？”

“弦太紧会断。”

“如果太松呢?”

“太松则琴不响。”

佛陀微笑地说:“闻二百亿,修行也和弹琴一样,太过勇猛精进,就像太紧的琴弦会断;太懈怠不认真,就像太松的琴弦不响,所以修行的生活要中道。你常常苦行,苦行太苦了,就会感到修行冷冰冰的,没有意思。你若回到俗家去,太过快乐反而容易乐极忘形。因此,真正的修道生活,要不苦也不乐,行之中道,这才是真正的修行。”

修行太紧太松,是许多人都容易犯的过失。有的人太过着急,用苦行压迫自己,使身心如绷紧的弦,反而不能洒脱自在;反之,有的人懈怠、放逸,空度时日,终不能开悟证道。

在超凡入圣的修行路上,是不能偏于一边的,不急不缓、不苦不乐、不忙不闲,把身心安住在中道的生活里,维护自己在一个平衡调和的位置,就能增进道业,逐渐解脱证悟。

# 波斯匿王减肥记

人当自系念，每食知节量。

中印度时期，虔敬护持佛陀教团的波斯匿王，形体肥胖，导致他稍稍活动就会汗流浃背、气息长喘。

一日，波斯匿王前往舍卫国的祇树给孤独园，向佛陀请法问安，他恭敬顶礼后，便退坐到一旁。佛陀看到波斯匿王气喘如牛的模样，就说："大王，您太肥胖了！"波斯匿王不好意思地说："我为了肥胖的身体日夜苦恼，它造成我很大的负担，也让我惭愧不已。佛陀，我由此深观，身体真是痛苦的根本啊！"

佛陀以一偈语为国王说道："人当自系念，每食知节量；是则诸受薄，安消而保寿。"意思是说，我们应当时时自我提醒，饮食要知节量，不过度进食造成身体的负担，才能保持轻安，健康长寿。

波斯匿王觉得有道理，决心以佛陀开导的方法"减肥”。他对在座的一位名叫郁多罗的青年说：“在我用餐时，你能不能为我读诵这偈语呢？我愿意赐你十万两，以为报酬。”郁多罗欢喜地答应了。

自此以后，每当波斯匿王用餐时，郁多罗便恭敬地读诵佛陀所说的偈语，提醒大王“饮食应知节量”。过了一阵子，波斯匿王满身的赘肉果然逐渐消去，一身轻盈，容貌也变得庄严端正。波斯匿王满怀感激地在王宫楼阁上遥拜佛陀，说：“尊敬的佛陀，感谢您的教导，使弟子断除贪欲，获得现世的利益与来生的安乐。”

佛陀开导波斯匿王的减肥之方，是以探究肥胖的根本原因而对症下药，靠自己持之以恒断除贪欲心，而获得身体的健康，与心灵的安乐。

爱美是人的天性，现代人认为肥胖让一个人显得臃肿难看，为了拥有曼妙的体态，以吃药、节食、穿塑身衣等方法减肥，往往只是瘦了荷包，却达不到功效。其实，正确的减肥方法，除了饮食知节量，适当的运动、心情的愉悦也是保持身材的好方法。但更重要的是明白导致肥胖的主要原因，加上意志力与恒常心，才能健健康康地瘦身成功！

# 死囚的实验

从事任何事情，心意集中于一处，必定能把事做到最好，收到最大的成效。

一个人要有忧患意识才能事事顾全，佛教也开示，应将生死观念常挂于心，才不会为世间的五欲尘劳所迷惑，懈怠偷安。

在波斯匿王时代有一段故事，透彻诠释了这个道理：波斯匿王为了试验一个人把生死记挂在心上，会有什么样的效果，于是命人到死囚牢里去找一个死囚，要他在头上顶着一碗油，绕城一周，如果碗里的油一滴都没有泼洒出来，就赦免他的死罪。

被挑选出的死囚心想：这是唯一求生的机会，不能粗心大意。他将一碗油顶在头顶，极为专注地绕城行走。

波斯匿王事先还在每个大街小巷，安排人员敲打锣鼓，命令许多歌舞美女在街上，表演舞蹈，试图以种种声色扰乱这个死囚。死囚为了活命，专心一致地顶着油绕城，完全没有注意到周遭的一切事物。当他绕完全城后，果真一滴油都没有洒出来。

波斯匿王问他："刚才你在绕城的时候，有听到锣鼓声吗？"

死囚说："我没有听到。"

波斯匿王又问："你有看到那许多歌舞美女吗？"

死囚回答："我也没有看到。"

由此，波斯匿王证实：一个人如果把生死记挂在心上，便不会乱想、乱说、乱做，同时体悟到专注一心力量的不可思议。

这即是《佛遗教经》中所说的："致心一处，无事不办。"比方说，念佛的人，精进一心地持诵佛号，久而久之，心地逐渐平静安定，佛号声念念萦绕，妄想杂念就无从生起。从事任何事情，心意集中于一处，必定能把事做到最好，收到最大的成效。

# 涉水过深河

具足信心，则一切的修学无往不利。

佛陀时代，在舍卫国的东南边，有一条大河，河水滔滔，深不可测。岸上住有五百户人家，以捕鱼为业，从未听闻佛法。

佛陀观察这五百户人家得度的机缘已经成熟，便到河边的一棵大树下静坐着。村民们被佛陀放射的光明吸引，纷纷围坐树下，佛陀便为他们讲说五戒十善法，村民们虽然心生欢喜踊跃，但是并未完全信受奉行。

此时，对岸有一个人涉水而来，五体投地向佛陀礼拜。众人惊怪说："我们久远居住这水边，从来没有人涉水登岸，你是何方天神，有什么奇妙的法术？"

那人答道："我是住在河另一边的人，听说佛陀在此说法，我一心渴仰甘露的滋润。于是请问河岸的居民，他们表示水只齐踝，我因为深信不疑，便涉水前往，并没有什么神奇法术。”

佛陀欢喜赞叹道：“善哉！善哉！凭着恳切的真信，能渡生死大河，这数里之水，如履平地，又有什么神奇？”

因为深信不疑，而能涉水过深河，信心之力真是不可思议，所以佛经中有“信能得道”、“信能度渊”、“信能渡河，其福难夺”、“信心清净者，华开则见佛”之说。

修学佛法，信心为要，诚如《大智度论》的譬喻：“无信如无手，无手人入宝山中，则不能有所取。无信亦如是，入佛法宝山，都无所得。”具足信心，则一切的修学无往不利，也才能“深入宝山”窥见佛法堂奥。

# 福报如存款

留有一点种子，将来才能开花结果。

在银行里存款，不但可以拥有本钱，还可以生利息。想要拥有更多，就得不断地存款。知识学问，福报功德，感情人缘也是，必须要不断地存入，逐渐累积，才能愈来愈丰富、博大。《佛说善生子经》便如实透彻“存款”有益的道理，说：“积财从小起，如蜂集众花，财宝日滋息，至终无损耗。”

“存款”的观念，不限于金钱的储蓄，它可以作用于人生万事，像是“书到用时方恨少”、“胸无点墨”、“富不过三代”都是。没有存款，就没有生机。

释迦牟尼佛的堂弟提婆达多，处处反对佛陀，一心一意想要自立为佛。他经常派人行刺佛陀，他曾经将大石从山上滚下来，想要砸死从山下路过的佛陀；也曾将大象灌醉，想借着大象的乱性陷害佛陀。

佛陀常常慨叹地说："芭蕉的心实了，骡子怀孕了，小人受的供养多了，离毁灭的时间也不远了。"由于提婆达多做尽种种的坏事，而堕入无间地狱。

为此，弟子问佛陀："堕到地狱里，将来能不能再超生？"

佛陀回答："要看他是不是留有一点尚未用尽的福报。"

佛陀教诫的是，平时不知累积福德，精进于道业，一旦业力现前，我们拿什么面对，又如何提升自己呢？留有一点种子，将来才能开花结果，因为"留得青山在，不怕没柴烧"。假使把功德、福报都享尽用尽，就像是不自觉地挥霍无度，把本钱都用完了，那前途也就不堪设想了。

# 信心之路

修道路上，信心能撤除疑虑的屏障，抵抗各种诱惑。

佛陀时代，舍卫城有一位牧牛人在森林里四处寻找走失的牛，找到正午时分，他又饿又渴，只好走进精舍，比丘就拿了一些食物给他吃。牧牛人问比丘："尊者，今天到哪里应供啊？"比丘回答："今天只是吃乞食的饭菜。"牧牛人惊讶僧团的饮食丰盛美味，暗忖：平时日夜辛勤工作，也无法赚得如此丰盛的食物。于是，表示想要出家的意愿。

但是他出家不久后，又对僧团的生活感到厌倦，于是离开僧团返回俗家。在家过没几天，又因为不想受挨饿之苦，而回到僧团。如此反复六次来回僧团与俗家，比丘们都认定他是一个信心不坚定的人。

有一次，当他又想离家回到僧团时，不经意走进房内惊见妻子沉睡时的丑态，震天的鼾声与从口中流出的口水，使得他心中猛然一震："我几度出家，不能安住，难道就是迷恋这样丑陋的形体吗？"

他一路反复思索无常和苦，终于证得须陀洹果。但是回到僧团，比丘们都不愿意再接纳他，经他再三恳求后，才决定给他最后一次机会。经过他的努力，一段时日后，终于证得阿罗汉果。

修道路上，信心能撤除疑虑的屏障，抵抗各种诱惑，即使遭逢冤屈、迷境的考验，仍能安住在道上，不起妄动心。佛教史上，鉴真大师赴日本弘法，六次遇难，玄奘大师孤身涉险，横渡五百里流沙，西行取经，都是凭借一股对佛法坚定的信心，成就佛教大事业。所以佛陀开示道："何等为信力？于如来所起信心，深入坚固。"

因为有信心，而能深入佛法，也因为彻悟了世间虚妄相，更坚固信心，在死生进退两难处，一物一景的催逼，都能大彻大悟。

# 掌舵

道理人人懂得，人人会说，但“懂得”、“会说”与实际操练有很大的距离。

在古印度南方，有一户婆罗门家的儿子，自小就饱读群书，上通天文下知地理，知识渊博，村人对他称赞有加，认为是个不可多得的人才。村中有一群商人准备启程采集珍宝前，亲自登门拜访，向婆罗门子讨教航海的方法。

驾船的技巧与方法，婆罗门子在书中读到不少，他自信满满地对商人们说道：“对于海中的情况，我了如指掌，比方说：航行时遇上礁石或海水倒流固然危险，但只要掌好舵，方向准确，不急不徐，自能乘风破浪。所有掌舵的技巧与海中会遇上的情况，书中都有详细记载，字字都在我心中，没有遗漏。”还主动提出要与商人一同前往海中采宝。大家皆深信不疑，欢喜婆罗门子同行。

当船只航行到海中时，原本掌舵的人突然患病死去，商人们于是公推婆罗门子担任掌舵一职。才行驶没多久，船只突然遇上急流，在海上载浮载沉，迷失航向。全船的人恐慌极了，此时的婆罗门子却手忙脚乱地掌着舵，当初的自信满满全都荡然无存，只是脸色惨白，喃喃自语："书上是这样写的，没错啊！"一阵慌忙后，仍不见船驶离急流外，最后整艘船沉入了海底。

道理人人懂得，人人会说，但"懂得"、"会说"与实际操练有很大的距离。有的人满腹经纶，却不会做人处事，读书再多也是枉然；有的人虽目不识丁，却懂得将古圣先贤的智慧，运用在行事待人上。

纸上谈兵，无法成就大事业，只能让自己活在自己认定的小格局中，走不出去。学习佛法也是如此，懂得文字名相，不知深入义理，认真修行实践，也只能做个门外汉，看不到门内的风光。修学佛法，须以"闻思修"入"三摩地"，才能达到目标；儒家也说："学而不思则罔，思而不学则殆"，唯有行解并重、知行合一，将所学灵活运用，才可以自他都受益。

# 口臭的金鱼

虽有多闻，不制烦恼，不能自利，徒无所用。

古印度，舍卫城郊外一个湖泊中，一群渔夫捕到一尾鳞片闪烁着银光、美丽耀眼的金鱼。渔夫们欢天喜地，决定把宝贵的金鱼，献给敬爱的国王。国王目睹美丽非常的金鱼，暗忖：应该将世间稀有的宝贝供养佛陀。

正当国王把金鱼奉到佛陀面前时，在琉璃盆中游动的金鱼一个开口，顿时，浓浓的恶臭在精舍弥漫开来，国王、随从与大臣被熏得连连咳嗽，个个掩鼻，只有佛陀与几位长老比丘，安然如故。

国王疑惑地问："佛陀，这么一尾光彩灿烂的金鱼，怎么一张开嘴巴，气味却是恶臭难闻？"

佛陀说："这尾金鱼前生就是迦叶佛住世时，一位名叫迦毗罗的比丘，他娴熟佛法，却贡高我慢。若有比丘指正他的错误，他总不屑地回应：'你又懂得多少？'久而久之，僧团里的比丘都不欢喜亲近他。有一回，迦毗罗正在诵持比丘的《别解脱律仪戒》时，发现没有一位比丘愿意加入他的行列，他恼羞成怒，开口道：'没有所谓的经律论！我也不在乎你们听不听《别解脱律仪戒》！'”

“王啊！迦毗罗比丘曾经教导大众奥妙的佛法，却也诽谤佛法、辱骂比丘的言行，又障碍佛教的开展与传播。今生虽具有美丽的金鱼色身，却也有恶臭难闻的嘴巴。”

明白了佛法妙义，却不能运用于生活行住坐卧间，那经律论教典就等同于废纸、糟糠，因而德山宣鉴烧毁《青龙疏钞》，丹霞天然烧却木佛。佛陀苦口婆心说法四十九年，并非是要以知识遮蔽吾人心眼，让经教提起吾人的贡高我慢心。

对此，《法苑珠林》提到：“虽有多闻，不制烦恼，不能自利，徒无所用。譬如死人，着金璎珞。”一个信解多闻而不能实践佛法的人，如同死人穿上华丽的衣服，好看却无用。学佛重在“解行并重”，对佛陀教导的义理，生起胜解，更而力行实践。如果学习佛法，使得来生得一口恶臭，倒不如烧佛取暖要好。

# 季咸为壶子看相

命运是无法预测的，因为生命有无限的可能。

郑国有一个巫祝名叫季咸，能断定一个人死生存亡、祸福寿夭。列子醉心于季咸的功夫，向老师壶子说："一直以来，我以为老师的道行已至极盛，遇见季咸后，才知道他的道行比你还高！"

壶子说："我教授你的只是外在形式的名相知识，精神内涵的层次都还未传授，你如何获得入道的功夫？只有雌性没有雄性的话，如何使卵能成形、孕育生命？当你想要与人一较高下，展现自己的卓越，当然容易让人看出你的优劣，以此断定你的生死祸福。"壶子为了让列子更明白这个道理，叫列子请季咸为他看相。

当季咸为壶子看完相后，赶紧拉列子到门外，摇头叹息："你准备为你的老师处理后事吧！"列子神色凝重地询问原因。季咸说："他面如死灰，神情异常，我断定他活不过十天。”列子听后，泣涕沾襟地跑进屋内转述季咸所言。壶子神色若定：“刚刚我示现的是无心自然、生命不动的气象，所以他以为我已无生机。你再请他来吧！”

隔天，季咸看了一会儿，走出门口，对站在外头等候的列子说：“还好遇上我，才能挽回你老师的一条命。我看他已显露生命的气象。”列子将季咸所说的话转达壶子。壶子说：“这一回，我透显出天生本真的样貌与能量，这说明了我们可以主导自身的生命情态，不是他人可以决定的。你再请他来看看。”

第四天，季咸看完后，对列子说：“你老师的面相不齐，难以捉摸，等他面相端正时，再找我来。”列子进到屋里，告诉壶子今日的情况。壶子说：“这次我展现的是平衡的生命气象，是毫无征兆可见的太虚境界。”

第五天，季咸脚都还未站稳，就被壶子所显现的万象俱空的境界吓得仓皇逃跑。壶子说：“刚刚我显示的是无相之相，如镜子如实映照对方的样貌，如草顺风而靡，如水随波而流，让他无法摸索出我的究竟面目，才会落荒而逃。”

列子终于恍然大悟，当下惭愧自己才疏学浅，而还乡潜修三年不出门。终其一生，帮妻子烧火煮饭喂猪，返璞归真。

命运是无法预测的，因为生命有无限的可能。学佛的人深明一切为因缘所生法，无常变化，祸福寿夭全在自己身行心念的善恶好坏，而能透过修行培植福德因缘，为自己创造圆满人生。因此命运操之在己，又岂是算命巫祝可以预测？

# 两个水桶

意义与价值究竟为何？在于“自我肯定”。

现代人往往急于追求物质与外表上的满足，逐渐丧失思考的能力，不是一味地追着时代潮流走，就是让自身的抗压力和生存的勇气逐渐下降。如何突破现代文明所筑起的重重迷宫呢？

话说，有一座位于山顶的寺院，寺里的小沙弥，每天都得用扁担挑两个水桶到河里打水，供大家饮用。其中的一个水桶总是抱怨：“我们做水桶的有什么意思，每天都是空空地下去。”因此它成日怨叹，郁郁寡欢。另外一个水桶想法就不一样了，它总是欢喜地说：“我觉得我们做水桶真有意义，你看空空地下去，满满的一桶水上来，很有价值呢！”

同样是水桶，一个说空空的水桶下去没有意义，一个说满满的一桶水上来很有价值。意义与价值究竟为何？在于“自我肯定”。“天生我才必有用”是大家都懂得的道理，世上没有一样东西是没有价值的。一瓶矿泉水能值多少钱？但是如果没有水就不能生活；空气更不用花钱买，可是若没有空气，人如何生存？

我们常常思考人生的意义与价值何在，可否先看看周遭的事事物物呢？别人的一个微笑和问候，让我们感到欣喜；出门有汽车、火车、飞机可以搭乘，不用千里跋涉；有公园、美术馆、历史博物馆、电影院、图书馆可以让我们调节身心，汲取生命的各种智能与体验，这些不都是人生的意义所在吗？

人生必定有其意义，每一个生命也必定有其价值，若被一时的困顿、挫折所蒙蔽，自暴自弃、自怨自艾，那就永远都无法认识到那一大片万古长空、风光霁月。

所谓“无用才是大用”，大有大的用处，小有小的用处，没有用的眉毛长在脸上也让我们像个人。因此，要珍惜自己独一无二的因缘，肯定自己在世上的意义与价值，才能真正明白你为何而来！

# 人的一生

懂得利用有限的生命，投资信仰的开发，心田里引进禅定的清水，自然能灭却贪嗔之火。

传说，原本到世间投胎的人，阎罗王的判决是让他可以享受三十年无忧的青春岁月，因为人的一念贪求，寿命虽然增加到六七十岁，却必须接受生活的考验、情爱的煎熬、老病的寂寞等苦痛。

某天，阎罗王审判世间人的善恶。“诺！赵大你心地善良，热心公益，判你投胎到世间为人，寿命三十年，享尽快乐的生活。”阎罗王说罢，赵大欢喜礼谢后，退到一旁。

阎罗王惊堂木一拍：“钱二！你不辨是非善恶，专营走私贪污，侵占他人财物，判你投胎做三十年的牛，替人拉车、犁田，偿还你的欠债。”钱二害怕要承受三十年做牛的辛苦，于是向阎罗王请求：“做牛很苦啊！我不要三十年那么长，可不可以十五年就好？”阎罗王一听，回说：“怎么可以，剩下的十五年怎么办？”这时，赵大跑向前央求：“阎罗王，剩下的十五年给我吧。”阎罗王答应了赵大的请求。

阎罗王惊堂木又拍，说：“孙三！你在世间常常仗势欺人、欺善怕恶，现在判你到阳间做一条狗，寿命三十年。”孙三连忙磕头，说：“做狗好辛苦的，吃的是剩菜剩饭，住的是屋檐墙角，不论烈日当空还是凄风苦雨，都要看守门户，一旦主人不高兴，又得遭受拳打脚踢。三十年的生命实在太长了，我只要十五年就好。”“那另外十五年怎么办？”赵大听了，又跑向前：“给我吧！”阎罗王没办法，只好答应。

接着，阎罗王审判李四：“李四！你过去总是用计谋欺骗人，现在你到人间做猴子，寿命三十年。”李四惊慌不已：“猴子在深山里吃树叶、水果，本来可以与世无争，但人类总是手持猎枪、弓箭射杀我们，每天生活在恐惧里，受怕担忧，三十年太长了。”这时赵大又跑出来：“那十五年给我好了！”

赵大一一接受牛、狗、猴的十五年，从三十岁增加到六七十岁。他以为从此可以长命无忧，享受更多的快乐，却不明白，三十岁以后就要过着牛的日子，娶妻生子，为儿女做马牛；四十五岁以后，开始过狗的生活，孩子长大成人，各有事业和朋友，父母像守门的狗；六十岁以后，就像深山里的猴子，担忧着老病接踵而来，还有死亡的恐惧，笼罩身心。

人的一生，必须经过牛的辛劳、狗的寂寞、猴的忧虑，要怎么跨越如牛、如狗、如猴等生、老、病、死的牢狱，从中升华我们的身心世界？在《佛本行集经》卷四十四说："若人寿命满百年，愚痴心恒生散乱；有能智慧及禅定，一日活足胜彼长。"

百年为谁辛苦为谁忙？倘若庸碌生活，浑噩一生，是无法跨越生死牢狱的。只有懂得利用有限的生命，投资信仰的开发，心田里引进禅定的清水，自然能灭却贪嗔之火，平心静气处事待人，更借智慧的日光，照破生死幽暗，无碍无惧。

# 鹦鹉救火

大事成就，并不是“能不能”的问题，而是“肯不肯”去做、“愿不愿意”用心。

话说，在一个炙热的午后，一座森林惨遭祝融之灾。一只鹦鹉看到森林失火，赶紧飞到河边衔水救火，可是烈火就像洪水般迅猛地燃烧森林，鹦鹉根本追不上烈火飞奔的速度。别的动物看到了都笑它愚痴，笑它不自量力，想这熊熊大火岂是鹦鹉的小口衔水，怎么可以灭尽？

鹦鹉义正词严地说：“话不是这么讲法，灾难时每一个人都该尽心尽力的。别以为我没有力量，只要我有心，不断地衔水，我不相信我无法把这大火熄灭。”鹦鹉的雄心壮志、慈心悲愿感动天神，降下大雨，帮助它将森林大火熄灭了。

鹦鹉能救火，是因为有志者事竟成。大事成就，并不是“能不能”的问题，而是“肯不肯”去做、“愿不愿意”

用心。有心，再艰难的事情也能完成，若心地不坚，不知用心，就算轻而易举能够达成的事情，也难若登天。

常常会感到生活困难吗？做事处处受阻不顺利吗？那就检视自心，如果总认为“我没有办法”、“我做不到”、“我没有能力”，那就真没指望了。

倘若遇到事情胆怯退缩、颓丧泄气，便是自筑高高的城墙，封锁双脚迈向成功的道路。小鹦鹉有熄灭整座森林大火的志愿，就是这份大无畏的勇气感动天神，出手协助。

鹦鹉救火，不在小口衔水的不自量力，那一份教人称羡的豪情壮志，才真是灭除森林大火的重要“功臣”。

# 买鬼丧子

光靠投机取巧赚钱致富，那是沙上建楼，轻风一吹就倒塌了。

有甲乙两户人家，互为邻居。乙家看甲家家运步步高升，享受富贵荣华的生活，好奇地问甲："怎么你家里一直发财？这么富有呢？"甲凑近乙的耳边悄悄地说："我偷偷告诉你，可不要告诉别人哦！因为我家里头有一个勤劳鬼，什么事都做。他为我分担家计，所以就慢慢地积聚财富啦！"乙惊喜地说："真有这样的事哦！那你可不可以把鬼卖给我，让我也能发财啊！"甲原本舍不得卖，在乙死命央求下，只好答应，最后以二百两黄金将鬼卖给乙。

临走前，甲还特别叮咛："这个鬼你一定要让他做事，不单是白天做，晚上也给他做。总之，要有计划地把所有事情安排妥当，别让他休息就是了。"

乙把鬼带回家后，依照甲交待的，无论是上山砍柴，下河担水，还是舂米拉磨，煮饭洗衣，什么大小的事情都让这个鬼去做。没多久时间，乙家果然也发大财，生活日渐富裕起来。

一天，乙外出办事，仍不忘将工作交待给鬼做。他出去后，这个鬼不到半天时间就把事情做完，正愁着没事做，竟把客厅里面一个玩得意兴正浓的小孩剁成几段，放到锅子里煮，还欢喜着主人回来就有好料可以享用。

乙一回到家，鬼就将煮好的汤端给乙食用。可没想到锅里面一段一段的肉竟然是自己的独生子，吓得一声“哎呀”，昏厥过去，不省人事。

“横财不发命穷人”，想一圆发财梦是贪心妄想作祟，不用智慧去赚取，不付出劳力而养鬼做事，光靠投机取巧赚钱致富，那是沙上建楼，轻风一吹就倒塌了。

佛教倡导以正命为业，远离邪命的生活，从事合理、正当的职业，尽管家徒四壁，贫苦无所有，只须勤奋不懈就会有出头的一天。“乱世出英雄”，困顿、挫折也能激发志气，不放弃、不气馁，再加把劲努力耕耘，未来的路肯定无限辽阔，任人生奋起飞扬。

# 幸福在尾巴上

只要我的脚步向前，尾巴上的幸福快乐自然跟随我。

有两条狗彼此相依为命。小狗老是抱怨生活的穷困，幸福之神不知道何年何月才会降临，使它们衣食无虑，洗刷“丧家之犬”的羞辱。老狗总是安慰小狗：“无家处处是家。生活只要温饱就足够了，被人类豢养，做一只摇尾乞怜的狗，反而失去尊严和自由。”

小狗听不进老狗的意见，一心做着“流浪狗变名贵狗”的美梦。

有一天，小狗跑去算命占卜，它问：

“幸福到底在哪里？”

“幸福就在你的尾巴上。”

小狗听完，为了要抓住幸福，拼命转着圈子，要咬住自己的尾巴。

小狗跑得满身大汗，还是咬不到自己的尾巴，垂头丧气地对老狗说："占卜师说，我的幸福在尾巴上，可是我却抓不住幸福。老狗，你有什么办法可以抓得住幸福吗？"

老狗笑说："我寻找幸福是向前走，对过去无悔，对现在无惧，对未来无忧。只要我的脚步向前，尾巴上的幸福快乐自然跟随我。"

幸福在哪里？猜忌使我们远离幸福的目光，怀疑使我们错过幸福的召唤，妒忌使我们模糊幸福的面貌，妄想使我们失去幸福的拥抱。

何必向神祇乞求幸福的降临，要佛祖喜舍幸福的地图？幸福，原在我们的心灵。

# 毒蝎渡河

慈悲柔和的习惯，可以让我们身心清凉自在；惜福结缘的习惯，可以使我们得到许多增上善缘。

佛经里记载：有一只毒蝎住在河的右岸，它静极思动，想换个不同的环境。由于毒蝎身上的剧毒，其他的动物无不畏惧万分，即使毒蝎再三承诺，绝对不会用毒刺伤害它们，但是空中的鸟，水里的鱼，都拒绝毒蝎渡河的乞求，生怕自己生命不保。

每天，毒蝎望着潺潺的河水兴叹，恨自己身上没有长翅膀，无法飞越两岸；更羡慕鱼儿来去自如悠游自在。有一天，天气晴朗，毒蝎在河岸上散步，看到远处来了一只乌龟。毒蝎上前向乌龟拜托："乌龟先生，我想学习您四处旅行参学的伟大精神，我要到河的另一边去旅行，请您载我一程。"

乌龟听了以后，面有难色地回答："我是乐意帮忙，但是你身上的毒刺会使人致命，我怎能相信一只毒蝎的话呢？”

毒蝎拍拍胸脯说：“乌龟先生，你载负我渡河，你我就是生命共同体，我如果用毒刺伤你，对我自己也不利，我怎么会做出损人又不利己的傻事呢？”

乌龟最后答应毒蝎的请求，让它坐在背上。当乌龟卖力地往前游去，就在即将抵达彼岸时，乌龟的头被刺了一下，乌龟生气地骂毒蝎：“你这只忘恩负义的毒蝎，你用毒刺刺我，我们都会同归于尽，你为什么要做出违背良心的事？”

毒蝎无限委屈地回答：“乌龟先生，请你原谅我，我真的对不起你，但我做一只毒蝎实在太久了，不知不觉中，我就会拔出身上的刺……”

人有各种习惯，慈悲柔和的习惯，可以让我们身心清凉自在；惜福结缘的习惯，可以使我们得到许多增上善缘。如果染上不好的恶习，贪嗔嫉妒等等烦恼习气，就使我们羁锁在黑暗地狱里，漂流在生死苦海中。

佛陀也常说，人命无常，喻如朝露，出息虽存，入息难保。在如此短促的人生，当多多修习清净庄严的善行，能够做得了自己的主人，用戒、定、慧降伏心里的毒蝎，拔除身上的毒刺，才能安全地渡到彼岸。

# 国土危脆

能够体会到世间无常的人，自能调整处世的心态与观念，探究人生，精进修道，不再盲目过生活。

话说有一只鳖王，身体既广且长，约莫六十里，时时遨游大海之中，回旋往来，时而跳出海面，时而深入海底，以此为乐。有一天，它玩累了，躺在岸边休息，一动也不动地过了好几天。

未久，有五百位从远方经过的商人，远远看见这只鳖王，以为是靠着水边的高地。于是，他们兴奋地带着车马及几千只牲畜，准备在鳖王的背上歇息。等一切安顿好之后，他们开始在鳖王的背上做饭、砍柴、生火、饲喂牲畜、行走、睡卧。

沉睡中的鳖王，因为身体被火烧及突然的扰动，移动身体，向大海里爬去；它东西游动，试图减轻身体的不舒服，可是背上的火仍不熄灭。商人们见状，以为是地在移动，海水横流，慌乱地大声惊叫："我们活不了了，该怎么办哪！"不管他们如何惊慌，鳖王还是因为无法忍受身子的疼痛，而没入水深处。结果，五百位商人和他们的牲畜全都因此丧了命。

这一则《佛说譬喻经》的譬喻，旨在提醒世人，娑婆世界虚幻无常。你看，"九·二一"大地震、南亚海啸，在短短时间内，把山川田野、房舍百姓摧毁殆尽。因此，佛陀在《八大人觉经》里，直截告诉我们："世间无常，国土危脆；四大苦空，五阴无我；生灭变异，虚伪无主。"由于世间一切为因缘所生，迁流变化，任谁也不能作主，无法把捉；倘若执著为实有，贪着于过往，就会陷入世间繁华的虚妄中，苦恼不已。

能够体会到世间无常的人，自能调整处世的心态与观念，探究人生，精进修道，不再盲目过生活。

# 生命的真义

静心思考生命的真义，用心过好每一天的生活。

某个寺院的池塘中，开了一池莲花，只要来到寺院的信徒、游客必定来到池塘边，欣赏莲花，赞美莲花。可是莲花再美，也抵挡不了岁月挪移所带来的变化。

莲花看着自己的身体，逐渐褪色、枯萎，赞美的声音逐渐寥落冷清，不禁哀凄、惶恐起来。莲花愈是无力，愈是萎靡。

打扫寺院的老僧人看到萎靡的莲花，趋前问："有什么事，让你这样垂头丧气的？"

莲花无精打采地说："为什么我昔日的风采会渐渐消逝呢？难道我就得看着生命一天天老去，我的生命就是这样短暂吗？"

老僧人慈祥地看了看莲花，微微笑道："这是每个生命都得经历与面对的。"老僧人又指着莲藕，说："你看得到吗？生命的答案在这里。”

莲花不明白：“为什么我看不到？”

老僧人凝视着白云蓝天，说：“你会明白的。”

时光在日升月落中消逝，莲花日日感受着自己的身体。一天，莲花忽然发现新的生命在它体内隐隐律动，才明白老僧人的话，霎时莲花放下一直坚持的执著与困惑，平心面对逐渐消逝的风采。

人生的无常虚妄，佛门的祖师大德常叹“春日才看杨柳绿，秋风又见菊花黄”、“荣华总是三更梦，富贵还同九月霜”、“渐渐鸡皮鹤发，看看步行龙钟”、“水流如激箭，人生若浮萍”。但是有多少红尘人为年华老去叹息伤悲，为了维持青春美貌费尽心思装扮，为了权势金钱忙忙碌碌，为了疾病情感惶惶不安，不知道静心思考生命的真义，用心过好每一天的生活。

生命可以很短，也可以无限。曾有人对我说：“师父！祝你长命百岁！”我说：“长命百岁不够。”对方不解地问：“那你要活多少岁啊？”我回答他：“人生三百岁。”如果我们尽情发挥生命的潜能，这一生就能如同阿弥陀佛一样，无量寿，无量光。

# 谁是长老

放逸、懈怠的身心，障碍学业、事业、道业的增进，唯有作息正常，才能克竟其功，成就事业。

“是日已过，命亦随减，如少水鱼，斯有何乐？大众，当勤精进，如救头燃，但念无常，慎勿放逸。”《普贤警众偈》意在劝勉佛门行者，生命无常迅速，想见得悟道后的风光，唯有昼夜精勤。

《增一阿含经》中有一段佛陀教导弟子精进行持的故事：

昔日，佛陀在竹林精舍集众讲授法义，闻法大众中，坐在佛陀对面一位长老比丘，不仅散腿打盹，还将双脚直接伸向佛陀，反观年仅八岁的修摩那沙弥，却是结跏趺坐，全神贯注聆听。

舒脚而睡的长老比丘，与端坐思维的沙弥，佛陀看在眼里，心有所感地为众观机说法：“谁人堪称长老？剃除发须，齿长鬓白，住佛门久的人，才有资格吗？若闻善法，能欢喜信受，日月精进办道，去诸秽恶行，虽然出家日浅，也可称为长老。”

佛陀在涅槃前仍殷殷叮嘱弟子：“无以睡眠因缘，令一生空过，无所得也。”阿那律尊者也曾经因为打瞌睡，遭佛陀呵斥：“咄咄汝好睡，螺蛳蚌壳内；一睡一千年，不闻佛名字。”孔子也曾责骂课堂上打瞌睡的宰我：“朽木不可雕也，粪土之墙不可圬也。”圣者鄙斥睡眠，是因为身心处在睡眠中，如何能听闻教法，增进学业？一面工作一面打盹，事情也将事倍功半。人处于睡眠状态，六根是无法运用的，犹如死去一般，佛教因此把烦恼称作“随眠”。

其实，“睡眠”的用意，乃为养精蓄锐，让我们有充分的体力行事。过度睡眠，反而造成放逸、懈怠身心的恶因缘，障碍学业、事业、道业的增进，唯有作息正常，才能克竟其功，成就事业。

「滚石不生苔，
流水不生蠹」。
因为动才有活力与生命力，
也才有希望。

拥有一份不怕辛苦艰难、
百折不挠、
无畏向前的勇气与骨气，
冷静地观察时局，
洞悉变化，
自然事有所成。

心有力量克服万难，
自然有所发挥；有所发挥，
就必定达成目标。

见贤思齐，
成熟自己，
开发内在的宝藏。

# 鬼神唾弃

只要回归自心，无论自己选择怎样的人生，都会拥有踏实惬意的生命风光。

怎么样才是全心全意地生活？怎么过才能让人生踏实、欢喜？是一刻也不放松地努力用功，而步调紧凑、情绪紧张，还是认真对待每一个人事物，却不过份要求、恣意贪求呢？是过得光鲜亮丽，才觉得充实，还是平淡朴实，教人满足？

人生怎么过，每个人都有各自不同的主张与希望。不同的主张，决定了各自不同的生命风光。平时我们不以为意，认为只要自己喜欢，开心过生活就好了。然而，生命中的许多际遇往往与此相关。

但是有多少人能看到事物底层的因缘，心甘情愿面对自己的选择呢？还是总在事相上琢磨，抱怨着大大小小的烦恼，遗憾着自己所失去的呢？

佛教有句话说:“菩萨畏因,众生畏果”,菩萨明白因缘能成就一切,众生却只在果上计较、懊恼、努力补救。如果也能学习菩萨深观因缘本末来去,我们就能在日常生活言谈举止、工作待人当中,培植善美的因缘,而不致在因果现前时,空叹时运不济,因缘不好。

宋光孝安禅师,一回,定中见到两位出家僧人倚槛相语,刚开始他们两人的身旁还有天神护卫听法,谈久了,天神逐渐散去。过没多久,竟然出现恶鬼朝着他们又唾又骂,甚至扫除他们走过的足迹,至为鄙视。

原来,两位出家僧人起先是在谈论佛法,所以天神拥护,接着只是叙叙家常,问问近来,后来竟谈起名闻利养的俗事,因此连恶鬼都觉得不屑,唾骂了起来。这个景象教光孝安禅师相当震撼,至此,禅师终年不再谈论世情琐事。

莲池大师在《缁门崇行录浅述》中,对此称扬道:“古人为生死行脚,才逢师友,惟汲汲商略是事,何暇他论?今人终日杂话,求如二僧,亦不可复得;鬼神在侧,又当如何? 噫,可惧也已!”祖师大德认为人生以“生死”为大事,四处参访问道,愿在有限的时日间,参出一条出路。

无论我们是不是有像佛门祖师,感受到“百岁光阴如梦蝶”的无常，看到“昨日黄土陇头埋白骨”的虚妄，而精进求道，都应该认真看待自己的人生，千万不能像这两位僧人一般，闲谈俗事，连神鬼都唾弃。

祖师们的精进，在告诉我们如何是全心全意地生活；二僧的闲谈，是警惕我们应深观因缘、谨慎身口意。只要回归自心，无论自己选择怎样的人生，都会拥有踏实惬意的生命风光。

# 水泡花蔓

收拾起多年的身心狼藉，才能见到内心原有一塘无限辽阔的连天碧水。

有一个国王老年得女，真是视若掌上明珠，百般地疼爱。小公主美丽非常，也喜欢向国王撒娇，不时提出许多无理的要求，而国王都毫不犹豫地满足小公主的愿望。

一场小雨过后，在花园里游玩的小公主无意间看到池面的水泡映着天光，闪着炫人的光彩，她被水泡的华美给迷住了。于是向国王表示，身上的珍珠项链不比水泡花蔓漂亮，要求国王给她一条水泡制成的花蔓。

世间哪有水泡花蔓呢？可是不论国王怎么向公主说明，公主仍执意要得到水泡花蔓，还大发脾气，说："如果找不到美丽的水泡花蔓，我就永远不吃饭。"

国王明知小公主骄蛮无理，但是一想到绝食的小公主性命恐怕不保，心里着急得不得了，只好召来全国的工匠、艺术家，希望他们帮忙想个办法，捞起水泡，串成一条花蔓。所有的工匠、艺术家一致摇头，异口同声地说：“水泡怎么可能做成花蔓呢？”“简直是天方夜谭。”大家你一言我一语，直说不可能。其中，有个老工匠站出来说：“尊敬的国王！我有办法把水泡做成花蔓。”

国王满心期待地找来小公主，小公主眼睛发亮，问：“老公公，您真的能替我做一串水泡花蔓？”

老工匠微笑回答：“现在我们一起到水池边，去做一条美丽的花蔓。”

王宫的花园水池旁，挤满了朝中的大臣与上万的工匠，每个人都在忖测，要看看这个老工匠到底在玩什么把戏！

老工匠对小公主说：“公主，水面的泡泡很美，但是我不知道公主喜欢的花蔓是什么式样，请公主把水泡捞起来给我，我来串成花蔓。”小公主捉着水里的泡泡，任凭她怎么紧抓，水泡还是从她的指缝间消失。当夕阳的余晖照在水面时，小公主终于有所体悟，知晓水上泡沫是捉捞不住的。

小公主宁可舍命，苦苦地追逐梦幻泡影，许多人的生生世世又何尝比故事中的小公主聪明几分？诚如法眼文益禅师告诫世人的诗：“艳冶随朝露，馨香逐晚风。何须待零落，然后始知空？”当彻知世间有为的无常虚妄，收拾起多年的身心狼藉，才能见到内心原有一塘无限辽阔的连天碧水。

谁缚了你？是我们迷于眼耳六根梦幻的假相。李白醉里捞月，我们不也是经常如此吗？只要令我们恋着，身心不得自由，都是一场水泡花蔓的逐云追梦。

# 成见不空

再好的知识、见解、佛法，器皿装不进，种子长不起，也是徒劳无功。

一位对佛法成见颇深的学者，拜访南泉禅师，并带着贡高我慢心，前来论道。南泉禅师一句话也不说，就只是倒茶给他喝。禅师在倒茶时，任凭茶杯溢满了水还是不肯停手。这位学者看了很久，实在忍不住，说："满了，装不进啦！别再倒、别再倒了。"

南泉禅师轻声说："你的胸中一切也都溢满，我的佛法已经加不进了。"这位学者不禁为禅师的话所震撼：一句话就将自己的自满自傲道破。

学者以贡高我慢论道，对佛法没有信仰，南泉禅师就以倒茶溢满水，当头棒喝。要点醒一个无知者，有时千言万语的苦口婆心，还不如巧妙的暗喻。

闻法求道，《成佛之道》表示"如器受于水，如地植于种，应离三种失。”求法的心就像一个器皿，倒覆盖着，水装不进；有了破洞，水留不住；器皿肮脏，水装进去也会变质。也如播种，种在土壤外飞鸟叼去，种在杂草丛中，无法萌芽。再好的知识、见解、佛法，器皿装不进，种子长不起，也是徒劳无功。觉得自己没有长进，工作无法突破，学业没有进步的时候，不妨先静心思考，彻底反省是不是自己的心，已装满了成见、我慢与自以为是？以“学者”之心求法学道，自然产生一种排拒的心理，又何以能充实自己，汲取佛法，求取知识？

不妨就参憨山德清一句偈“自大贡高空费力，聪明盖世也徒然”为借鉴，将心化为海绵，以虚心谦卑的姿态学习，终能古今在我心，天地任我游！

# 师傅打徒弟

无论云游到何处何方，都要不忘初心。

湛元法师，是仙崖禅师门下一位勤奋好学的徒弟。他想到京都参学，又不敢开口，只好央求崇福寺的昙荣和尚帮忙。仙崖禅师听昙荣和尚转述后，点头赞许。湛元获知师父已首肯，便欢欢喜喜地回寮收拾行李，准备启程。

临行前，湛元向仙崖禅师告假："师父，徒弟要外出参学，请师父慈悲，为弟子开示一句。"仙崖禅师二话不说，即刻拿起棍子，当头就是一棒。湛元莫名其妙地挨了一棒，不知所以然，只好退了回去。

昙荣和尚问仙崖禅师："你不是已经答应让他去参学了吗？"

仙崖禅师回答："我不是反对他去，只是等他学有所成后，就是一名学者了，我总不能对学者挥拳吧？"

仙崖禅师慈悲挥棒，是要提醒湛元：无论云游到何处何方，都要不忘初心，要以道念为衣，以禅悦为食，以正法为住，以参学为行。这一棒，含意多么深远，也唯有师父才够资格给徒弟当头一棒。

曾经我准备外出弘法时，有一位徒众诚恳地拜托："请师父带我去。"我说："你常听我开示，如果能说出一句受用的话，我就带你去。"他竟茫然许久，不知如何开口，我借机教育他："你跟随我二十年，连一句话都没有记得，现在跟着我外出弘法，又有什么用呢？"

因为在学习的过程中，没有当头棒喝，没有刻骨铭心的体验，也难以将一个事理透彻了解。

佛法虽如大海，浩瀚无边，学佛人也要深游海里，去寻得一句受用的话，所谓"弱水三千，只取一瓢饮"，"一"里面包含了无限，平时待人处事，哪怕一字一句、一事一物，我们都要视作"当头一棒"来领受，必定终生妙用无穷。

# 心量有多大

一个人心量有多大，成就就有多大。

有一对师徒外出弘法度众，师父走在前面，徒弟背着行李跟在后头。徒弟心中动念："我一定要发菩提心广度众生，将来救苦救难！"徒弟年纪虽小，但他心中动的这个念头，正是佛教里"但愿众生得离苦，不为自己求安乐"的菩萨发心。

师父是悟道的阿罗汉，具有他心通、天眼通、天耳通的能力，跟平常人不一样。他心中知道徒弟的发心是菩萨的根性，很了不起。自愧不如：惭愧！惭愧！我都没有发这种广度众生的心。于是立刻就喊：

"徒弟！徒弟！你肩上的包袱让我来帮忙背。"

徒弟心想，师父今天怎么这么客气呢："师父，不必了，我来就好！"

"还是给我吧。"师父背起了包袱，又再跟徒弟讲：

“徒弟，你在前面走，我在后面跟。”

徒弟心中真是疑惑极了。

走着走着，忽然看到前面有一个水塘，许多蚂蚁围困在水里，有的在挣扎，有的淹死了。徒弟又想：哎哟！众生这么多，我怎么能广度众生呢？度不了的！算了，我将来还是做一个小乘人，先自救好了。徒弟心念一动，师父立刻知道，马上大喝一声：

“站住！包袱拿去背，在后面走。”

这一段故事说明，一个人心量有多大，成就就有多大。菩萨发菩提心，“上求佛道，下化众生”，念念都是众生的痛苦，念念都要给众生安乐，值得歌颂，所以连证得阿罗汉的师父都对有发菩提心的徒弟，尊敬三分。

因此，我们平时举心动念，也要想到别人的利益、别人的安乐，不可随便侵犯别人。能帮忙他人，即刻就是菩萨化身。

# 参禅开悟

一心追求速成的人，也多是容易半途而废的人。

有一个琉球和尚来到中国，抱着满腔的热忱与信心，跟随遂翁禅师参禅求道。参学三年中，每天坐到腰腿疼痛难忍，劳务也很多，却始终参不出一点消息，他渐渐觉得心灰意懒，准备打消参学。

他向遂翁禅师告辞："我要离开了！"

遂翁禅师见他犹如浮萍定不住，就激励他：

"忍耐一下，再参七天就好。"

七天以后，依旧没有开悟。忍耐又忍耐，七天又七天，唉！七个七天都过了，这和尚不免垂头丧气。遂翁禅师慈悲开示他：

"再过五天吧！"

这和尚又参了五天禅。遂翁禅师冷眼静观，只是一再挽留：再三天吧……再一天吧！这个和尚非常恐慌，问：

“禅师！最后一天，不开悟怎么办？”

遂翁禅师庄严地道：

“再一天不开悟，只有死，不能再活了！”

这个和尚面对死亡，真正“置之死地而后生”，精神统一，意志集中，非比寻常。在最后的这一天，他想起禅师的话，再不开悟，只有死！就这么旋乾转坤，一念用力，忽然虚空粉碎，豁然开朗，他终于悟道了。

参禅学道者，要能持之以恒，禁得住时间考验；要有“置之死地而后生”的决心，别无他路，只此一条；一心一意不妄求速成，火候到时，功夫自然成就。

想要学好一样本事，没有三至五年的用功，不会有真正的实力。一心追求速成的人，也多是容易半途而废的人。无论是参禅修道、学习技能、筹备工作、生涯规划，都必须一步一脚印，点滴累积而成！

# 多欲多烦恼

贪图安逸、奢求富贵和享乐的人生，容易使人丧失战斗的能力。

地狱里，有一个大善人正接受阎罗王的审判，阎罗王说：

“某某，你在人间乐于行善事，造桥铺路、赈灾建寺院，种下不少功德，现在你可以再回人间做人。某某，世间人有千百种，你想要做哪等人，或者有什么希望，不妨跟我说。”

这个大善人说：“阎罗王，我希望做一个家财万贯的大官员，拥有娇妻美妾、良田千顷，我的儿女都聪明伶俐、品貌端正……”

阎罗王说：“照你这样讲，我这个阎罗王索性不要做了，干脆到人间去做人。”

一个人的欲望愈多，烦恼就愈是无穷尽。倘若娑婆世间真是万事都如意，那么连阎罗王也不要做了，甚至佛祖都不要做了，生生世世都做个“万事皆如意”的人，不也好吗？

故事中，大善人的欲望，反映一般人为了求万事如意，滋生诸多欲望，终究为世间五欲囚禁的恶端，因而《佛遗教经》揭示多欲之害：“多欲之人，多求利故，苦恼亦多。”贪图安逸、奢求富贵和享乐的人生，容易使人丧失战斗的能力，处处草木皆兵。如此人生，乐趣何在？何不坦坦然接受人生各种挑战，在困难、挫败、考验中，成熟生命。

特蕾莎修女一生经历最多的就是贫穷，在贫穷中，养成她内在力量与对众生的慈悲。常人总视贫穷如敝履，殊不知贫穷让我们更容易发挥人性的尊严，以及在富贵当中难以发掘的力量。试着让自己接受贫穷，接受不如意的人间，会发现七色彩虹无时不在我们的心里展现。

# 播种的收获

我们的双手才是真正的聚宝盆。

从前有兄弟二人，在父母过世以后他们就各自分家，东边的一块地比较肥沃，贪心的哥哥就留给自己，将西边贫瘠的土地分给弟弟种植。弟弟并不计较好坏，反而积极向专家请教农耕的知识。

一年以后，弟弟的田地五谷丰收，心里想：哥哥的近况不知如何？就带着几斗米作为礼物去探望哥哥。来到哥哥的家里，嫂嫂说哥哥到庙里去拜神明，要他等一会儿。弟弟随意走到东边的田地，只见一片荒芜，杂草丛生。

不久哥哥回来，弟弟问起，为什么不到田里耕种，任田地荒废呢？哥哥神秘兮兮地说："弟弟，这你就有所不知，我天天拜神明，他会赐给我五谷丰收，和无尽的财富。"

弟弟反问："哥哥你现在对着这张桌子天天祈求，请他赐给你白米和金钱，桌子能够做到吗？"

"只求神明却不耕耘，神明是不会代替你工作的。金黄的稻穗也不是一天从土里长成的，需要汗水的灌溉。财富不是神明的赐予，我们的双手才是真正的聚宝盆，为我们创造幸福美满的生活。"

也许我们都认为自己没有那个哥哥愚蠢，但是反观不少信仰宗教的人，以为拿着几根香蕉、几盒饼干，向神明菩萨要求，就可以家庭平安，健康长寿，殊不知，要长寿，就要惜物护生。若是希望平安和乐，却不肯忍耐无争；求远离灾难，却吝于布施，不愿为人救苦救难，幸福的果报，如何凭空而降？

# 内在的宝藏

树立偶像的观念，不执于有形的物质外表，要见贤思齐，开发内在的宝藏。

唐朝丹霞天然禅师，本来是一位要进京考状元的士子，在进京途中遇见一位出家人对他说："选官何如选佛？"他反问："到哪里去选？""江西马祖大师是个好去处！"丹霞毅然放弃进京考试的志愿，跑去见马祖禅师。一见马祖就用手拍着头，表示要剃度出家。

马祖禅师说："你的机缘不在我这里，是在石头禅师那儿。"

于是丹霞就去见石头希迁禅师。石头禅师一见，就命他作务去。

有一天，石头禅师命大家到堂前去除草，丹霞却端了一盆水把头洗净，拿一把剃刀，跪在石头禅师面前。石头禅师见他已会意，便为他剃发出家。

在一个大雪纷飞的严寒冬天，丹霞禅师将佛殿里的罗汉像取来烧火。纠察师见了，愤然责备："你怎么可以把佛像拿来烧呢？"

"为了烧舍利啊！"

"你胡说，这木刻佛像，怎能烧出舍利？"

"既然烧不出舍利，那有什么用？再多拿几个来烧嘛！"

保护佛像的纠察师认为佛像没有舍利，烧佛像的丹霞禅师认为有舍利，究竟哪一个人认识了佛呢？

有人以为佛教是偶像崇拜的宗教，其实不然。"偶像"对于我们并非毫无关联。比方一面国旗，多少人为了保护这一面国旗牺牲生命？你可以说那只是一块布而已，何苦来哉！然而，国旗却是一个国家的精神象征。物质的价值并非绝对，在于内在意义的不同。木雕、铜铸的佛像，对于佛教徒来说，看到的不是外在有形的物质，而是内心显现的清净佛性；不执于有形的物质外表，而是作为学习、效法，给予心灵希望与安定的精神象征。

对于圣贤古德，也应该树立偶像的观念，见贤思齐，成熟自己，透过学习与效法，去直探内心的佛性，开发内在的宝藏。

# 走江湖

读万卷书，行万里路。通过直接接触的学习方式，培养我们既宽广又具深度的眼界与经验。

现代人认为“走江湖”，就是马戏团、杂技团、耍猴把戏的，或是看相、算命、卜卦的人，有一种居无定所，迁移不定，没有安定感的含义。

其实，“走江湖”的典故，来自佛教的禅宗。唐朝时，在江西有一个马祖道一禅师，学问好，道德高，他建立了丛林制度，让十方学人得以安心办道，有规模地学习，就是所谓“马祖创丛林”，如同现在的学校。

另外，在湖南有一个石头希迁禅师（在日本横滨的总持寺，仍保存着他的肉身）。石头希迁禅师的威望极高，当时的青年学子不是到江西的马祖道一处参禅，就是到湖南的石头希迁这里学道。于是从江西到湖南，从湖南到江西，来来去去，去去来来，便形成“走江湖”的学习风气，继而流传了下来。

随着时代变迁，“江湖”二字，因中国川江湖泊众多之故，而将社会上四方游走的生存状态，说成是“走江湖”。

从古至今都提倡“读万卷书，行万里路”，做学问确实并非关闭式的，“秀才不出门，能知天下事”固然有理，但是遍行万里的亲身游学，深入世界各地去参学研究，见识一番，属于一种实际的、直接接触的学习方式，能培养我们既宽广又具深度的眼界与经验。

现代的“走江湖”并非只是杂耍和卜卦，也可视为是将传统技艺各处传播，以延续将来。而在网络信息发达的现代社会里，“行万里路”、“走江湖”的学习风气，更是一项值得“复古”的传统。

# 良辩杉的故事

世间之情，莫过于亲情伟大。

日本奈良东大寺，寺内有一棵一千多年树龄的杉树，叫做良辩杉。为什么叫良辩杉呢？源自于良辩禅师与母亲的一段故事。

良辩禅师刚出生不久，就被一只老鹰衔走了。老鹰衔着禅师飞了一段路，便将他放在东大寺这棵杉树上。寺里的老和尚看到树上有个“天外飞来”的小孩，连忙救了下来，因不知母亲是谁，只有自己抚养。

失去小孩的母亲着急得不得了，天涯海角，寻觅失踪的孩子。四十年后，良辩已经成为东大寺的大和尚了，老和尚在把住持位子传给他时，同时将当初挂在他身上的项链交给他，并交待：“你是老鹰衔来的孩子，这条项链收藏好，将来好和你的母亲见面。”

老母亲走遍全国，到处打听孩子的下落，终于听人说东大寺现任住持是老鹰衔来的。于是又千山万水，步行、渡船到了奈良，慢慢地摸索到东大寺。可是几十年前的事，任谁也记不清，当地人都当她是疯老太婆，她还是不放弃地待在寺外，等待因缘。一天，良辩禅师经过，她一把抓住轿子，对着禅师喊："你是我的儿子！你是我的儿子！"良辩禅师对于突如其来的状况，一下子不知如何响应，只得领着她到寺里。

良辩禅师问："你怎么说我是你的儿子呢？"老母亲一五一十地将当初孩子被老鹰衔走，身挂项链，以及几十年来寻找孩子的事情告诉禅师。良辩禅师这才恍然明白，眼前佝偻老迈的老婆婆，真是与自己失散多年的母亲。两人相认后，禅师将母亲安置在东大寺孝养，那一棵杉树也因这段因缘，取名为"良辩杉"。

世间之情，莫过于亲情伟大。良辩禅师的母亲为了寻找自己的孩子，千山万水跋涉，尽管天涯海角之遥，岁月时光之长，任发苍白、齿动摇都不放弃。坚持与孩子团圆的信念，让她不畏时间与外境的考验。我们是否也能怀着一个母亲的情感和心情，去完成自己担负的工作与理想呢？

# 盛年不再来

及时当勉励，岁月不待人。人生，无法等待与回头。

日本的宗演禅师很喜欢睡午觉，积癖成习。有时弟子问他何以一睡就睡那么久？宗演禅师板起脸来训诫道：

“你们懂得什么！我是去梦乡寻访古德先贤，就像孔子梦见周公一样，梦得越久，道念越强，你们哪里懂得这种‘与古人友’的方法？”

有一天，几个弟子因为贪睡午觉受到宗演禅师的训斥：

“为什么要睡这么久？”

“我们是学您的榜样，去梦乡寻访先贤和大德的呀！”

“先贤有什么佛法教导你们？”

“有啊！我们到了梦乡，见到了许多先贤，就一一请问：我们的禅师常常来向您请教吗？想不到问了许多先贤，都说：从未见你们那个禅师来过。”

东晋诗人陶渊明一首《杂诗》这么慨叹：

盛年不重来，一日难再晨。
及时当勉励，岁月不待人！

人生日复一日，盛年不会再重来，岁月亦不待人，不知努力奋发，就只有留下老大徒伤悲的感慨。

时空，不能欺诳，也不能假替；人生，更无法等待与回头。禅门留下这一则公案，借由师徒来往的妙语禅心，勉励后世青年，趁着年轻有力时，把握青春本色，尽心挥洒，因为盛年不会再来啊！

# 立刻长大

这个世界上没有速成的事，贪求快速只能使我们与道相违。

在印度古国，有一位国王由于膝下无儿无女，便天天虔诚地祈祷菩萨赐子，终于在老迈之年生下一个可爱的公主。国王看到襁褓里的小婴儿，担心自己年纪老迈，等不到公主长大。

为了在有生之年看到小公主亭亭玉立的模样，于是召集全国医生，要他们开出特效药，让公主“立刻长大”。万千医生都束手无策，直说：“天底下哪里有这种药草啊！”眼看一群无用的医生提不出一个办法，国王立刻下令：“在三天之内给我想出药方，否则杀头。”

听到如此严厉的命令，众医生都慌了，个个绞尽脑汁、枯肠遍搜，翻医书、入深山，还是想不出、找不到有什么特效药。到了第三天，大家惊惧地齐聚王宫，等候国王下令。这时，有一位医生自告奋勇地表示，有办法让公主立刻长大。

“快说！你有什么方法?”国王从宝座上下来，急急趋向这位医生面前。

“在某个深山里，出产一种‘立刻长大’的仙药，我要到那里去采药草，回来给公主服用。这段期间，任何人都不能和公主见面，否则仙药就会失效。”

国王立即答应这位医生的要求。

“你赶快去吧!”国王拿了一笔钱当路费，医生就此云游采药去了。

十二年的时间，公主被锁在深宫内院，不得见人，等到医生采药回来，把药草给公主服用后，才跟国王报告：“现在，您的公主长大了。”

国王一看，惊叹医生的医术高明，他的小公主真的变成亭亭玉立的美人了。

国王愚痴的行径令人可笑。反观吾人，在佛法的修学上，不也如故事里的主人翁一般，要即身成佛，求当生开悟？这个世间没有速成的事，世上的学问、技术尚须日积月累的磨练，十载寒窗的苦读苦学，方能生处转熟，更何况六度万行的菩萨事业。

没有让人立刻长大的药草，当然也没有立刻就能使业障尽除，直超佛地的法门，贪求快速只能使我们与道相违。如当年佛陀教育世人，恒河圣水无法洗涤世人的罪，戒、定、慧三学才能去除贪、嗔、痴的无明，截断惑、业、苦的业火轮转。

# 三个月的生命

对于命运，要知命不认命。人生是好是坏，自己有一定的主导权。

地狱里的赵判官，奉阎罗王之命，到人间来告知世人的阳寿还剩多少。

一天，赵判官坐在路边，一边摇铃一边对告老还乡的甲说："你的寿命只剩下三个月，三个月后我会到你的家中摇铃，只要铃声一响，你就要随我的引导而亡。"说罢，赵判官又再摇铃一声，对经商路过的乙说："你的寿命也只剩三个月，三个月后我会到你府上摇铃，在铃声中，你将随我的引导而亡。"

甲乙二人闻言，心生恐惧，忐忑不安。从此以后，甲每日忧伤烦恼，想到自己只剩下三个月的寿命，饭也吃不下，觉也睡不好。每天只是看着自己所赚得的钱财发愁，手中不断数着自己一生辛劳所积聚的财富，不知如何是好！

另一方面，商人乙想到自己还剩下三个月的生命，深觉人生苦短，即使拥有万贯家财，于我又有何用？因此他广行布施，到处造桥铺路，随缘济贫救困，如此一忙，竟然忘了自我。

当三个月期限一到，赵判官依约来到甲府，本来已因忧郁烦恼、心神不宁导致身体衰弱的甲，一看到赵判官，铃声还没响起，他就已经倒地而亡了。然而乙某则因为行善布施，造福乡里，社区感念之余，为表谢意，联手赠送牌匾。一时锣鼓喧天，热闹不已，任凭赵判官的铃声再响，乙某都没有听见，因而逃过一劫。

对于命运，要知命不认命。人生是好是坏，自己有一定的主导权，同样的遭遇，有人怨天尤人、不知长进，落得前途暗淡；有人安贫守节、乐天知命，所以能不忧不惧。观念、想法与处事态度，决定每个人的祸福荣辱与是非成败，只要我们常持正念、热爱生命，就能拓展出迥然不同的生命。

人生的前途，得失苦乐，一切操之在我，不由他人，身而为人要有这样的器识与自信，为自己的生命活出片片春阳！

# 懒惰之害

懒惰不能成功，命中虽有钱，还是得靠勤劳精进才有所得。

阎罗王对一个小鬼说："你可以投胎做人了！"小鬼摇头说："做人啊，我可不要去，人间很苦的，尤其是贫穷人，衣食不全，天天为了三餐住宿而烦恼，太辛苦了。"阎罗王安慰小鬼："你放心，我看过你的因缘簿了，这一次你会有高达一万两黄金的财产，足以让你舒服度日，高枕无忧。"小鬼得到阎罗王的保证，也就放心投胎去了。

出世的小鬼，父母亲百般疼爱，还送他到学堂读书。可是没读几年，他便吵着要学武；武艺未成，他觉得没意思，就改做生意；经营一阵子，钱都还没赚到，又跑去务农。这一回，他还是三天捕鱼两天晒网，还不待收成，就饿死在田里了。小鬼死后，心有不甘地找阎罗王理论：

“你说我会有一万两黄金的财产，可是你看看，我最后还是饿死在田地里。”

听了小鬼的冤屈，阎罗王赶紧命鬼卒去查，才知道那一万两黄金是交给土地公的。阎罗王把土地公找来，质问道：“你把黄金拿到哪里去了？”土地公赶快解释：“向阎罗王报告，因为他要读书，我就把一万两黄金交给文昌帝君，让他好好地读书，将来考状元。”

阎罗王把文昌帝君找来，问：“这个人的一万两黄金呢？”文昌帝君说：“一万两黄金正准备给他运用时，他又要去学武，我就把黄金交给武曲星君。”

阎罗王再把武曲星君找来。武曲星君回答：“本来要给他用的，谁知道没几年，他说要去学做生意，我便把钱交给财神。”

阎罗王只得再把财神找来：“你怎么不让他赚钱呢？”“他才刚开张几天，就跑去务农啦。”

最后，把神农大帝找来，神农大帝说：“阎罗王，是他自己不肯种田，钱还没用上，就饿死在田里啦！所以钱还在我这里。”

“唉！”阎罗王叹了口气，说：“懒惰不能成功，命中虽有钱,还是得靠勤劳精进才有所得!”

即使命中注定有财有富,坐着等待也会坐吃山空,不知勤劳耕耘,等同守株待兔,守到叶枯朽、树倾倒,还是一无所获。

# 金山腿子高旻香

禅门精进的修行，值得现代学子为榜样。

谈起旅游，有一句“白天看庙，晚上睡觉”的说法，意即称许佛教寺院古迹文化，值得一游。过去丛林，佛教寺院各具特色，常以丛林术语传诵，如“金山腿子高旻香，常州天宁好供养，焦山包子盖三江，上海海会哩拉腔”。

宋代时，流传的一则故事戏《水漫金山》，内容叙述许仙上金山寺进香，许久未归，白素贞与小青上金山寺恳求法海禅师放回许仙，遭禅师拒绝。于是白素贞聚集水族，水漫金山，法海禅师则召天将应战。后来因为白素贞怀孕，体力不支而败退。这则家喻户晓的民间故事，便是发生在位于江苏省镇江市西北的金山寺。

金山寺是佛教名寺，金山寺自宋代佛果克勤、清代箬庵禅师住持以来，僧众一律坚持结跏趺坐，无论腿如何酸麻胀痛，都不准换腿，否则就得挨香板，因此在金山寺禅坐要练得一双柔软耐久的腿才行。

高旻寺的特点为坐香时间长，不但一天要坐十四炷香，且一炷香的时间往往长达二三个小时，要求极严；常州天宁寺清初原为律宗的道场，自从大晓实彻主持后改为禅宗，常有万余学人云集天宁寺参修，其饮食好，供养最为丰厚，与金山江天寺、扬州高旻寺并称为临济三大丛林。

晚香禅坐的点心，则以镇江焦山的大包子最有名，而以海会寺的规矩最为散漫。记得我在焦山佛学院参学期间，还是个不成熟的年龄，无心参禅，真为修行也是等待每晚一炷大板香，一点三刻钟后分给大家的大菜包！

一句“金山腿子高旻香，常州天宁好供养，焦山包子盖三江，上海海会哩拉腔”，道出各丛林的宗风。虽然各有宗风，也可以看出佛教丛林教育的峻烈、严厉与精进。也许看似不通人情，但其深层处却是对学子最大的慈悲与关爱。

禅门精进的修行，值得现代学子为榜样；禅门的教育，更值得为人师者深思一番！

# 久炼成钢

一念诚意，念念汇聚，则通身自在，心境朗然。

你想过每天要如何净化自己的身心吗？

有一位笃信阿弥陀佛的打铁匠，他每天打一下铁，就念一声佛号。“哐！”“阿弥陀佛！”“哐！”“阿弥陀佛！”……这样一念几十年，念到炉火纯青时，随心所欲、随心自在，甚至生死自如。

有一天，他在打铁的时候，自然诵出一偈：

叮叮当当，久炼成钢；

时辰已至，我往西方。

便定住不动，往生西方去了。

念佛，不一定要在寺庙里面念，也不一定在佛前念，日常生活里，处处能念佛，时时能念佛，只要生活里有佛法，行住坐卧都可以念佛。例如煮饭、炒菜、洗衣，即使走路的时候，都可以随时称念阿弥陀佛。像这个铁匠，边打铁边念佛，时间久了，自然精诚所至，金石为开。

过去林则徐先生做两广总督，他为自己订定《闲余日课》，每日坐在教室里念佛。因为他认为每天不能没有一个时间反省自己，维护心的清净。念佛不是为佛而念，佛也无需我们念他，而是借由念佛，念自己的心，即所谓“即心即佛，即佛即心”，心便能清清净净，了无尘埃！

就好比我们每天要洗衣服，为的是干净的衣服穿在身上很舒服；每天要刷牙、漱口才觉得清爽。同样的，如何让心清清净净？就是以念佛、参禅、诵经、礼拜的方式，净化身心。

只要有恒心，一念诚意，念念汇聚，则通身自在，心境朗然。

# 放焰口

在“心”上用功夫，有诚心、有信仰，才得佛力加持，而无事不办。

清朝纪晓岚所著述的《阅微草堂笔记》里头，记载了一则故事：明朝时，横街上有一所宅第，从以前就盛传有鬼怪作祟，使得家宅不安，屋主不堪其扰，于是延请僧人前来做佛事。

就在夜晚放焰口的时候，灯下突然出现两名女鬼，她们先向诵经的僧人恭敬地行礼之后，便说道：“师父你们都饮酒食肉，如此诵经礼忏，根本毫无用处。即便是放焰口施食，所抛出来的米粒，也都只是虚掷而已，缺少了佛力的加持，鬼众根本得不到这些施食啊！所以，烦请师父您代为传话给屋主，另行礼请有德有修之高僧来做焰口佛事，那么我们才能有幸超生。”

僧人听完女鬼的话，不由得大为惊惧，同时又惭愧不已，竟然不知不觉中跌落到焰口法座之下。法会尚未终了，女鬼便灭了烛离去。

后来，程文恭搬进这座宅第，另请有德僧人摄心诵经，从此屋宅里，各种扰人的奇异怪象，便销声匿迹了。

很多人常会问，诵经超度究竟有没有用？这就如同将一块大石头抛入江中，它必然“扑通”一声沉入江底，如果将石头放在船上，它就不会沉没了。同样地，罪业深重的鬼道众生，借由超度佛事的法船，就能免于沉沦苦海。因此，只要超度法事做得虔诚如法，经咒便能发挥不可思议的功德，使得鬼道众生得以了脱生死轮回之苦。深明此理者，又岂会以轻心、慢心来看待超度佛事？

诵经、礼佛、持咒的功用重在信仰力，在“心”上用功夫，这就像一般人视佛舍利为平常骨头，在佛弟子心里却是佛真身，因为有诚心、有信仰，才得佛力加持，而无事不办。

有谓“念佛一声，罪灭河沙；礼佛一拜，福增无量”，实是增福灭罪最简易的修持法门，唯得力与否，就在是否真能“至诚恳切”。

# 晒咸菜

看世间，有人坚持把自己负责的事，仔细谨慎地完成；有人却一再拖延懈怠，只想享受休息的畅舒。

日本永平寺道元禅师曾在中国天童寺参学，是一位有道高僧。八十岁退休以后，仍然在院子里晒咸菜。

年轻的住持对年老的道元禅师说：“师父，正午烈日当头，您不要现在晒咸菜，太辛苦，太热了！”

道元禅师回答：“不在日正当中，难道要等到三更半夜晒咸菜吗？”

徒弟又说：“晒咸菜的工作也不必您来做，寺庙里还有很多人，让别人来做就好。”

“别人？别人不是我，他是他，我是我。”年轻的弟子说不过他，只有随他去。

过去的老和尚，真是鞠躬尽瘁、死而后已：生命的光阴掌握在手，分分秒秒都不空过。你认为晒咸菜不重要吗？在他的时间观念里面，晒咸菜就是一件大事，甚至比当官、做皇帝还可贵神圣。

看世间，有人坚持把自己负责的事，仔细谨慎地完成；有人却一再拖延懈怠，只想享受休息的舒畅。何必急于休息呢？将来躺到棺材里面，就能提供我们长远的休息。有人主张人生不需太忙，如果不忙，日日闲着就惬意了吗？闲是痛苦的，闲是罪恶的。“今日事，今日毕”，不拖泥带水、因循苟且。今日事不留到“以后”、“将来”、“明天”，夜深高床上，了无挂碍，不也快活？

人生的意义在当下，能重视当下一刻，一刻里就有无限的永恒，无限的未来。

# 生命的包袱

不觉得行李重，是因为心中有不顾一切向前奔驰的目标。

韩国的镜虚禅师，带着出家不久的弟子满空出外行脚布教。弟子一路上满腹牢骚，嘀咕不停，嫌背的行李太重，不断地要求师父找个地方休息。镜虚禅师却说路途那么遥远，老是休息，什么时候才能到达目的地呢？镜虚禅师仍然精神饱满，径自向前走去。

有一日，师徒俩经过一座村庄，迎面遇到一位姿态美丽的妇女，走在前面的师父不晓得跟那位妇女说了些什么，只见那女人突然大声尖叫。妇女的家人和邻居闻声出来一看，以为和尚轻薄妇女，齐声喊打。身材高大的镜虚禅师不顾一切地向前奔逃，走在后面背着行李的徒弟也快速跟随师父往前飞奔。

跑过几条山路后，镜虚禅师见村人无法追上，就在一条寂静的山路边停了下来，回头看见徒弟气喘吁吁地跑了过来，问徒弟道："刚才背了那么多行李，跑了这么远的路，还觉得重吗？"

"师父！很奇怪，刚才奔跑的时候，一点都不觉得行李很重！"

不觉得行李重，是因为心中有不顾一切向前奔驰的目标。在人生的旅途上，如果对前途没有坚忍不拔的信心及目标，内心就生不起力量，无法负担繁重难关的挑战。人因梦想而远大，菩萨更因大悲心生起大势力，能广度无边的众生，身心不觉疲累。

生命的行李沉重吗？只要你能当下承担，再沉重的生命包袱，也可以轻如鸿毛。

# 愚人喝水

愈是艰难的事情，愈要沉着耐烦，有开始，就必定能完成。

有一群人外出旅行。这一路烈日高照，酷热的天气让他们个个口干舌燥，其中一人耐不住，直喊："好渴啊！好渴啊！"同行的人安慰他："你忍一忍，待会遇到湖泊、溪流时就有水喝了。"

果然，没走多久，湖泊出现在路的尽头，大家拼命向前奔去。湖泊前一群旅人大口喝水，好不过瘾！可是刚刚直喊口渴的旅人，却呆坐在湖泊前，没有动作，等大家都喝饱时，才发现他已经奄奄一息，快要渴死了。

同行的人问："这么大的湖泊就在眼前，你怎么不去喝呢？"

这个旅人用微弱的声音说："湖水那么多，我怎么喝得了？我喝不了啦！"

湖泊的水虽多，只要饮一瓢水就得以止渴，却因为水之多而放弃饮用，真是愚人喝水，愚不可及啊！

“弱水三千，只取一瓢饮”，因为任何事情都得从小处着手、由少积多。只须一念发心，向前跨步去，千里万里之远的路程都能走到。

抱着不怕多、不惧难的勇气，以佛菩萨“众生无边誓愿度，烦恼无尽誓愿断，法门无量誓愿学，佛道无上誓愿成”的大愿力与大勇气，从当下开始，就能在点滴累积中达成目标。

愈是艰难的事情，愈要沉着耐烦，有开始，就必定能完成。切莫呆望大湖泊，不知从何饮用，做一个渴死湖边的愚昧人。

# 人生是苦

慈悲富含无限的欢喜和快乐，而“苦”实是入道的增上缘。

有一对年老夫妻渴望听闻佛法，无奈居住的地方太偏僻，从来没有传教师前来弘法。

终于等到一位出家人路过此地，老夫妇欢喜异常，恳请法师为他们讲经说法；可惜法师资历尚浅，对于经教义理一知半解，更不懂如何说法，却难以拒绝，只好硬着头皮登上夫妇二人准备的宝座。

这位法师本来就已经手足无措了，登上宝座，看到老夫妻恭恭敬敬地跪在下面，急得满身大汗，如坐针毡，不由得喊出一句：“哎，苦啊！”

老夫妻听到法师一针见血的开示，频频赞叹：“法师说得真好，人生确实是苦，年老力衰，又没有养儿养女，空有资财，不知道要留给谁？真是苦啊！”

法师看到老夫妻虔诚磕头如捣蒜，更是着急地说：“哎呀，真苦。”

老夫妇一听，愈加感慨：“真苦啊！为人在世每天忙碌，日夜辛苦，到了老年，病死逼迫，真苦啊！”

这时，法师再也忍耐不住，只得悄悄溜走。老夫妻许久听不到声音，抬头一看，宝座上竟然空无一人，认为必定是菩萨慈悲显灵指示。从此，他们深刻明白“人生是苦”，而发愿行善助人，热心公益。老夫妻在日日发心当中，渐渐地感觉到人生不完全是苦，而是希望无穷尽，他们体会到，慈悲富含无限的欢喜和快乐，而“苦”实是入道的增上缘。

真正认清人生是苦，看清了世间种种虚幻不实，由此生发道心，精进修身养性，在圆满人格的当下，自得体会生命难得的轻安自在！

# 莲花

天堂地狱只在“一念之间”，一念善为天堂，一念恶为地狱。

莲花生长在混浊的池塘里，却能出污泥而不染，典雅脱俗，清香芬芳，佛教经典也有以莲花为名的《妙法莲华经》。而取“莲花”比喻一个人的性情，任谁听了，都很乐意接受这样清雅高尚的形容。

某天，有一位祁琳瑛女士打电话给我，她表示：

“我想送一万朵亲手折的纸莲花给您。”

我问：“我与您素不相识，为何要送我纸莲花呢？”

“过去对您不熟悉，因此在听到批评您的言论后，对您产生诸多误解。直到看了《传灯》后，心中的疑虑得以澄清，您的心量、见解与为佛教的用心，让我很感动，更对您感到抱歉。为了表示歉意，打算折一万朵纸莲花送您。”

“一朵纸莲花就得折上二三个钟头，要完成一万朵谈何容易啊！”

“我召集了三五好友，大家约定，今后不再打牌，不做无意义的事，聚在一处折莲花。一直折到第五千多朵时，屋子里已经摆满了莲花，本来想把一万朵折好后，再一起送给您，现在没有地方放了，你们寺庙比较大，先将五千朵送去给您。”

祁琳瑛女士一念善法生起，决定折一万朵纸莲花表示歉意，虽然花去不少的时间与金钱，还堆得家中无处不是纸莲花，但也从中得到源源不绝的快乐和欢喜。她的心意，让我想起一个大家常提出的问题：天堂与地狱究竟在哪里？天堂地狱只在“一念之间”，一念善为天堂，一念恶为地狱。

一万朵纸莲花，代表的是人间的真善美，若人人拥有莲花清心，更将此心散播到世界各地，则芬芳无所不在；一万朵纸莲花，让娑婆秽土生起无数纯净的心莲，则何处不是清净土？

# 去芜存菁

开悟其实不难，此心凡圣同居，净秽一如。

有一个年轻的修行人，虽然每天很精进地打坐，可是妄念纷飞，欲望如瀑布流泻不止。他感到十分沮丧，因此向师父请教，要如何控制如猿马跳跃的狂心？

师父听完他的烦恼，并没有宣说什么高深的道理，只是要他到市场去买菠萝。年轻人提着菠萝回来，师父问他："你为什么买这些菠萝呢？""买来吃啊！""你连皮也吃吗？""当然不吃皮，只吃果肉！"师父忽然大声一吼："你这个笨蛋，你既然不吃皮，又为什么要买菠萝呢？"弟子哑口无言，仿佛悟到了什么，像跌进黑井，忽然摸索到一条绳子。

师父啜着茶，悠悠地说："修行离不开欲望，就像清净香洁的莲花，能够遗弃身上的浊泥吗？如果没有欲望，我们就不需修行，就像那些菠萝，难道你连粗糙的硬壳也一起吞下？那又为什么需要菠萝的外皮？因为它的用途是包裹菠萝，我们吃完菠萝，再把皮扔掉。我们修行也是如此，我们不是要吃皮，只不过现在还不是丢掉皮的时候！”

情欲就像菠萝的硬壳。人们想要品尝到菠萝的甜美滋味，必须认识粗糙硬壳的存在，并且能够以智能去芜存菁。

许多人希望幸福唾手可得，却不愿承受生命的霜雪；许多人梦想快乐近在咫尺，却一再逃避人间的磨炼。开悟其实不难，此心凡圣同居，净秽一如。烦恼泥沼里，只要播下莲子，他日必能红莲盛开。

# 新龟兔赛跑

世间万事万物是千变万化的，不可以一意停留在过去。过去，并非不好，而是不应贪恋。

话说，有一只乌龟无意间爬到一本古书上，发现书里记载一则“龟兔赛跑”的故事。它心想：那些笨兔子都跑不过我们乌龟。于是得意洋洋地跑去找一只野兔，下挑战书：

“野兔，我们来赛跑，我想你一定跑不过我的。”

野兔不甘示弱，回应道：

“乌龟，我怎么能和你赛跑，我不要十秒钟就可以跑一千米！你呀，给你十分钟，可能一百米都爬不到，所以我不跟你赛跑。”

乌龟挑衅道：“你们懒惰傲慢，绝对跑不过我的。古书已有记载，是乌龟赢。”

野兔被乌龟这么挑衅，便答应乌龟，举行一场“龟兔赛跑”。它们找了好多动物来作证，还邀请一只老黄狗来“汪汪”二声，作为鸣枪，一龟一兔便开始往前跑了。当然不要十秒钟，野兔便到达了终点，而后头的乌龟连十米都没有走到。最后，乌龟不得不承认自己输了这场比赛。

古书记载历史，今人以古为鉴，却非奉为圣旨，让思想食古不化，阻碍前行。时代是推陈出新的，世间万事万物是千变万化的，我们不可能始终不变，贪恋着过去。希腊哲人赫拉克利特便说：“人不能两次踏进同一条河流。”孔子也说：“逝者如斯夫，不舍昼夜。”都在告诉我们一切都会成为过去。

在参考历史的同时，更要掌握时代的动脉、当代社会的要领、现代的法律、现代的文化，不可以一意停留在过去，不知走向未来。

过去，并非不好，而是不应贪恋，不应痴守旧的陋习，就像过去专制时代的太监，奴隶制时代的活人殉葬，以及裹小脚等吃人礼教，早就应该革除，重新认识，而非一味念旧，守传统。唯有将现代与传统做一个符合当代需求、适切的融和，世界的脚步才能向前迈进。

# 小狗也会说话

一件事要能办成，理想要能实现，就必须勤于实践，用功精进。

话说，有一户人家生性懒惰，每日的家事，妈妈不做就叫爸爸做，爸爸也懒惰不愿意做，就叫儿女做，儿女贪玩不肯做，就叫小狗做。小狗没有办法，只好挑起大梁，打理家务。它用尾巴扫地，用身体抹桌椅，甚至用嘴衔水管浇花草，把家整理得洁净雅观。

一天，客人登门拜访，见到小狗在做家事，不禁诧异万分：“哇！这么能干，连小狗也会做家事呀！”

小狗无奈地摇摇头，说：“没有办法，他们都不做，我只好承担起来。”

客人一听，大吃一惊：“小狗也会说话！”

小狗赶快对客人示意：“嘘！不要让他们知道我会说话，否则他们还会要我接电话呢！”

懒惰之害，透过夸张的寓言故事表现，极具况味。人生当中，举凡就业工作、读书学习、立身修道等，“精进力”都是一项不可或缺的要素。想想，如果一味制订计划，却是三天捕鱼两天晒网，不具精进力，永远也只是原地踏步罢了。因此《大智度论》举出：“懈怠，破在家人财利、福利，破出家人生天乐、涅槃乐。”懈怠之害，害人匪浅。

一件事要能办成，理想要能实现，就必须勤于实践，用功精进。精进的利益，《大乘理趣经》譬喻：“世间诸果实，皆由精进生。”《左传》则言：“民生在勤，勤则不匮。”韩愈在《进学解》中也说：“业精于勤，荒于嬉。”古今大德先贤留存的智慧法语，无不在告诉我们：精进则无事不办，精进则“小狗也会说话”！

# 狗急跳墙

很多时候走到了绝境，失去平时依赖的对象、支点，往往潜能就此被激发出来。

“狗急跳墙”虽然只是一个比喻，但也意味着人内在含藏着一种平时看不见却不可思议的潜能。

有一个酒鬼喝得烂醉如泥，当他走到坟墓旁边，不慎掉进一个准备放置棺材的大坑洞里，怎么爬也爬不出来。酒鬼心想：算了，明天再爬吧！

不一会儿，听到一个物体落下的声音，原来另一个酒鬼也掉下来了。前面的酒鬼打算静观后面的酒鬼如何爬上去，岂知后面的酒鬼也是烂醉如泥，爬了几次还是爬不上去。

前面的酒鬼看了不忍心，迸出一句话：“老兄，别白费力气了！”没想到后面的酒鬼听了这句话，心想，这里怎么会有声音，莫非是“鬼”，吓得马上蹦了上去，不回头地拔腿就跑。

人类的潜能真是不可限量，不可揣度的，很多时候走到了绝境，失去平时依赖的对象、支点，往往潜能就此被激发出来。

我们眼观时下，有许多因为生活困苦、工作失利、心灵疲乏而放弃生活的人，或铤而走险，或结束生命。他们处在艰难处看不到未来，应对人生的各项挑战乱了方寸，这是因为没有看到生命深层那想象不到的韧性，就像小草迎风，松柏经霜所展现的忍力、柔软与坚持。这便是潜能的开发，如同人人本具的佛性，只因蒙尘纳垢无法显现光辉罢了。

愈是艰困愈要相信自己具有无限潜能，只要坚持不认输，勇往直前，生命永远都是“柳暗花明千万户，敲门处处有人应”的境地。

# 无量寿

在行善、修持中，求到法身慧命的无量寿。

某些信徒，对于所信仰的宗教，都有所希望与要求：祈求功名富贵、消灾免难、增福延寿、金榜题名……

有一个佛教徒在庆祝六十岁大寿时，找了一位法师替他诵经，祈福延寿。诵完经以后要祈愿祝祷了，法师就问他："你要我替你求多少的高寿呢？"

信徒不好意思地说："能替我求二十年，活到八十岁吗？"

法师回答："你现在已经六十岁了，再求个二十年，光阴似箭，一晃即逝，你不觉得太少吗？"

信徒一听，精神来了："难道可以再增加吗？那您替我求四十岁好了，活到一百岁。"

"哎！你都六十岁了，再求个四十年，也是很快就过去了。"

信徒心里想，难道要求一百二十岁吗？不过六十年也是很快呀！“请问师父，我究竟能求多少岁呢？”

“应该要求‘无量寿’，不死的生命！”

我们人的肉身属于物质，迟早都是成住坏空、生老病死。因此，求寿当求“无量寿”，找寻永恒不死的法身慧命，真心本性。像阿弥陀佛又称“无量寿佛”，意思就是不受时间限制；又称“无量光佛”，不受空间限制。能够超越时空，就是阿弥陀佛、无量寿。

如果我们光是求肉体的无量寿，不是最究竟的。活到一百二十岁，老态龙钟，耳聋眼盲，气力衰弱，齿牙动摇，食不知味，有什么意思呢？那时，一百岁的儿子也死了，八十岁的孙子也死了，日日白头送黑头，岂不伤感，没有意味？

求不死的生命，超越时空之外，叫做“涅槃”。所谓“涅槃第一寿，知足第一富，无病第一贵，善友第一亲”，希望大家可以在行善、修持中，求到法身慧命的无量寿。

# 两种语言

学习第二语言才能掌握时势，为自己的人生开创新格局。

随着信息的发达，社会需求的改变，无论是经济、政治、宗教、文化、教育，无不迈向全球化、国际化的道路。在这种趋势下，具备国际视野、运用外语、跨文化的学习成为不可或缺的能力。因为拥有国际观以及共同的语言，才能沟通彼此，更深入、直接地了解对方的文化内涵，加强双方交流。

确实，人类共存在地球上，唯有具备“同体共生”的共识，才能和平而不争，达到天下一家的理想。然而不同的国家、种族，各自拥有不同文化、语言、风土人情，如何相互沟通、交流呢？只有走近对方，互通有无才能达成，而学习对方语言，就是沟通的第一步。有一个“猫捉老鼠”的故事，就巧妙地表达了学习第二语言的重要性。

有一只猫把老鼠追丢了，但它还是不死心，仍然守在老鼠洞前，等待机会。可是左等右等，老鼠就是不出来。猫想，要攻破老鼠的心防，就不能让老鼠识破自己的声音，于是学狗汪汪叫。老鼠一听到狗叫声，以为猫走了，就很安心地走出来。才到洞口，竟被猫逮个正着。老鼠不服气地说："刚刚我明明听到狗叫声，怎么会是你呢?"猫得意洋洋："这年头，不懂两种语言，会没饭吃的。"老鼠听了猫的话觉得很有道理，也只好自认倒霉了。

猫说得对，这年头不会两种语言是无法生存的。未来，因为交通的便利，科技、信息的发达，人类的交流必然愈来愈密切，甚至走向融合，形成地球村的新世纪。学习第二语言才能掌握时势，为自己的人生开创新格局，而不致被时代淘汰了！

# 伎儿得牛

求取知识学问，学习各项技能，想要有成就，就得靠一份精进心、恒常力。

有一名擅长各式各样乐技的伎儿，演奏的技巧出神入化，曲曲都能扣人心弦。他的才艺过人，备受众人肯定。

一次，这个伎儿到一户富贵人家乞牛。性格悭吝的富人，不愿意施舍牛只，又怕遭人非议，被人批评为富不仁，因此故意出了一道难题："要我给你一头牛可以，不过我有一个条件，你必须为我日夜不停地演奏，持续演奏一年，自然可以得到你应有的报酬。"

这个伎儿爽快地回答："这没问题，但是您果真能持续听上一年不厌倦吗？"

富人自信满满地说："你能演奏，我就能听。"

于是，伎儿穷日落月，一心一意不停地演奏。才不过三天的时光，富人已经越听越不耐烦；内心厌恶至极的富人看伎儿还专注陶醉地演奏，赶紧命令仆人牵一头牛给艺人，急匆匆地打发他离开。

精进是开启成功之门的钥匙，精进就像是钻木取火，持续不间断才会生出火苗。故事里的伎儿，因为有恒心毅力与坚持，所以能达成他的目标。求取知识学问，学习各项技能，想要有成就，就得靠一份精进心、恒常力。

为学、修行之道无他，
踏踏实实，
步步躬身实践即是。

只要坚持勇往直前，不认输，
生命永远都是「柳暗花明又一村」。

愈是艰困，愈要相信
自己具有无限的潜能。

人生的前途，得失苦乐，一切操之在我，不由他人。

# 颜琛苦读

人生路上，如能使逆耳之语转为动力，也许一句话就是改变我们一生的转折点。

孔子的弟子颜琛，有一次要去向孔子请安，听到屋内一段对话：

东门长老："您不是说颜琛很聪明吗？"

孔子："可惜他没有苦学的精神。"

东门长老："那他将来有何造就？"

孔子："他不愿苦学，我从来就没有指望他成材成器。"

在门外的颜琛听后惭愧交加，回房收拾包袱，只留下"三年后再会"几个字，便回家了。

回到家，颜琛把自己关进书房，闭门谢客，发心苦读。期间孔子先后来探望他两次，都被颜琛以不在家或生病的理由回绝。三年后，颜琛正准备出门，却见孔子和东门长老往他家的方向走来，颜琛亲自迎上前，请孔子进屋。孔子递了一块上书“三年后再会”的竹简给颜琛，并说道：“我按时来了。”

颜琛：“我正要出门去见恩师，没想到您先到了。”说着，并抱出一大堆书简：“恩师！您考吧。”

经过一番检验，孔子欣喜地赞叹道：“在我三千弟子中，颜琛可谓独占鳌头了。”

这世间，有的人为“一句话”积极向上，努力以赴；有的人则颓废消沉，自暴自弃。“一句话”并没有是非对错，是向上，是堕落？是力图振作，是争执不休？就如双峰道信禅师对牛头法融的提点：“境缘无好丑，好丑起于心。”不过在吾人一念净秽善恶。

人生路上，如能使逆耳之语转为动力，也许一句话就是改变我们一生的转折点。

# 孔子知礼

今日的耐烦做事，是未来成功的踏板；今日的千锤百炼，是未来事业的阶梯。

孔子年轻的时候，就以知礼闻名。有一次，孔子入太庙参观演礼，对于每件事情，每个细节，都要问得清清楚楚，好像不懂礼节一样。因此，就有人讥笑他："谁说陬邑大夫的儿子知礼，到了太庙样样都要请教人呢！"孔子听到这样的批评，就回答："每件事都要问清楚，正是合乎礼呀！"

在当时的社会，孔子虽然已有知礼之名，但对于自己不明白或不甚清楚的事物，仍是虚心求教于人，绝不会不知强为知，这种治学不厌、勤问学习的精神，才是真正合乎礼。此外，也由于孔子踏实、积极的"问学"，所以奠定他丰富的"学问"修养。

然而，放眼今日社会，不少年轻人贪功求利，浮夸不实，实在很可惜。要知道投机只能取胜一时，早晚还是会让人识破，不是长久之计，唯有笃实行事，才能获得永久的信赖。所谓："今日的耐烦做事，是未来成功的踏板；今日的千锤百炼，是未来事业的阶梯。"年轻人要想立业成功，必须要踏实不虚浮，经久不懈怠，时日一久，便能百炼成钢。

所以，无论为学或做人，我们都要诚然以对、踏实处世，空谈、虚浮、不切实际，或只说不行，这些都不是一个求学者应有的态度。

# 为善要及时

在世的作为，一切都要及时。不及时把握，等因缘一过，再如何懊恼也于事无补。

惠施曾做过梁惠王的宰相，博学善辩，是名家的代表人物，曾与桓团、公孙龙等辩者掀起名辩的高潮。

可是，惠施在未任宰相之前，也曾经有家徒四壁，衣不蔽体，食不饱腹的经历。有次，灶冷数日，无奈地去请求梁惠王帮忙。梁惠王说："夏麦将成熟了，等割了麦，再给你一些。"

惠施一听，几乎傻眼。耐着性子向梁惠王说："我刚才到您这儿来的路上，经过一条正在涨水的河流，看到一个人掉到河里去，正被急流冲往下游。他对着我大喊救命，我因为不会游泳，因此很抱歉地对他说：'我不会游泳，我会替你向东越王求救，请他派出善游的人来救你。'那溺水的人一脸愤慨地说：'我现在只要有一个瓠瓢可以抓着，就能够活命，你却不伸出援手。等你向东越王求来救兵，我恐怕早就淹死在深渊之下，葬身在鱼腹之中了。’”

“及时”是一个重要的观念，做任何事都要及时。有人想要孝顺父母，但要等到自己“有能力时”；有人想要去探望生病的朋友，但要等到“有空时”；有人一心想要做善事，但他要等到自己“有足够的钱时”。可是，等到有能力时，父母或许不在了；等到有空时，朋友或许康复了；等到自己有足够的钱，多少钱财才算足够呢？

《众经撰杂譬喻经》有如此的教诫：“智者思惟财物不可久保，譬如失火之家，黠慧之人明识火势，火未至时急出财物，舍虽烧尽财宝全在，更修屋宅广开利业。智人植福勤修布施亦复如是，知身危脆财物无常，遇值福田及时布施……明慧之人乃能觉悟，知身如幻财不可保，万物无常，惟福可恃。”

“树欲静而风不止，子欲养而亲不待”，就是告诫人“孝顺要及时”。不仅孝顺如此，在世的作为，一切都要及时。不及时把握，等因缘一过，再如何懊恼也于事无补。

# 没有“量”心

学而未成便骄矜傲慢，不但无法有所成就，更显得肤浅、不足。

春秋时代鲁国有巧匠鲁班，相传云梯、锯子、曲尺等工具都是他发明的。鲁班在教导徒弟的态度上，不怕徒弟拙笨，只要肯用心学习，无不倾囊相授；如果是骄傲自满、不自量力，他也会借机开导。

曾经，鲁班收了一个名叫王恩的小徒弟，每天跟在鲁班身边，扎实地学了不少手艺。可是日子一长，王恩便感到有些厌烦，老是想：“什么时候才能出去独立干活儿？”“真希望有一天大家能像尊敬师傅那样尊敬我！”耐不住做学徒的生活，王恩下定决心自己创业。他向鲁班表明自己的想法，尽管鲁班再三劝说，他仍然坚持。第二天，王恩二话不说，带着一套工具，离开师门了。

鲁班少了徒弟帮忙，一时在工作上增加了不少麻烦，于是他做了个木头人当助手，就这么东摆西弄，装了一些机关，木头人竟“喀啦，喀啦”地锯起大圆木来。这情景，被回来向鲁班借材料的王恩瞧见。他想：何必求他，只要把木头人的样子画出来，不就成了吗？

当晚，王恩偷偷跑到鲁班的工作棚，画下木头人的样子，又从头到脚量好尺寸。回到家，王恩赶了几天几夜，终于完成。虽然和鲁班做的木头人看似一个模样，就是不会拉锯。在苦无对策下，王恩还是乖乖回去找师傅鲁班。

他把事情始末如实告诉鲁班，最后满面羞惭地问：“师傅，为什么我做的木头人不会动？”

鲁班问：“尺寸量对了吗？”

“量对了！”

“量头了吗？”

“量过了！”

“量脚了吗？”

“量了！”

最后，鲁班若有所悟地说：“噢！你大概没有量（良）心吧！”

王恩漫不经心地答道：“对！我就是没有量心。”

鲁班沉下脸来，厉声说："王恩，没有良心的人是不能成事的！"说完扭头就走，王恩这才知道自己做错了事。

所谓"满瓶不动半瓶摇"，如果学而未成便骄矜傲慢，不但无法有所成就，更显得肤浅、不足。万事成于谦虚，败于骄矜；谦虚、踏实，是学艺和向学必要的态度，我们是否留心了呢？

# 古人糟粕

不论是技艺、学问都必须透过实践，才能领会其中玄奥。

有一天齐桓公在堂上读书，工匠轮扁在堂下砍削木材制作车轮，轮扁放下椎凿的工具，走上堂来问桓公说：

“不知君王读的是什么书？”

桓公说：“圣人之言。”

轮扁叹了一口气，说：“不过是古人的糟粕而已。”

桓公大怒：“寡人读书，匠人怎能随便议论。好！如果你说得出道理便罢，倘若说不出道理，我可要把你处死！”

面对桓公的震怒，轮扁仍泰然自若，从容回答：

“臣以所从事的工作观察，斫车轮，慢了就松滑而不坚固，快了就滞涩而难入，不徐不疾、得心应手才是真功夫。但是这样的功夫，我无法口传给我的儿子，他也无法承继我，所以七十岁了，还在斫轮。圣人所得也是如此的，也因此，君王所读的不过是古人的糟粕！”

《庄子·天道篇》这一则记载，借由轮扁斫木为轮，虽得心应手，却不能以口传授个中奥秘给自己的儿子，告诉齐桓公不论是技艺、学问都必须透过实践，才能领会其中玄奥，才能成为滋养生命的养分。

佛教提出的闻、思、修三慧也是如此强调，要体得佛法大义、透得本来面目，唯有亲身实践，身体力行，否则所读所闻只是“古人糟粕”，谈不上是修学佛法，对我们的人生也如同浮云、轻风，无足轻重罢了！

所以，德山宣鉴禅师一旦明白“穷诸玄辩，若一毫置于太虚”，便把《青龙疏钞》焚毁；临济禅师八十高龄，仍然行脚十方；鸟窠禅师对白居易说：“三岁孩儿虽道得，八十老翁行不得。”凡此种种，无不是在告诉我们实践的重要性。

为学、修行之道无他，踏踏实实，步步躬身实践即是。

# 邹忌定霸业

不知奉献利他，人生也不过空忙一场罢了。

齐威王即位后，不理朝政，将国家大事委托卿大夫治理，几年间，诸侯不断侵犯疆土。不少大臣进谏，但是威王就是不听。有一天，威王召邹忌进宫弹琴消遣，邹忌就想利用这个机会向威王进谏。

进宫后，邹忌只以手抚琴，并不弹琴，威王不解，邹忌就不厌其烦地大谈乐理，但就是不奏曲。威王说："先生，你的乐理是说到我的心坎里，但是光知道弹琴之理还不够，必须审知琴音才行，请先生试弹一曲吧。"

邹忌回答道："臣以弹琴为业，当然要悉心研究弹琴的技法。大王以治理国家为要务，怎么可以不好好研究治国的大计呢？这就和我抚琴不弹，摆空架子一样。抚琴不弹，就没有办法使您心情舒畅；您有国家不治理，也就没有办法使百姓心满意足。这个道理大王要三思。"

威王因之醒悟，便和邹忌大谈治国定邦大业。

与齐威王有国家而不治理的道理是一样的，学问，知而不行只是空谈一场；佛法，解而不行无法生慧；理想，言而不行不过唱唱高调；政策，定而不行不过纸上谈兵；书籍，藏而不读只能束之高阁；金钱，存而不用更是枉然。

不知力行实践，不知奉献利他，我们纵使拥有世间所有，人生也不过空忙一场罢了。

# 刘邦生病

懂得居安思危，才是大智；处危知奋起，才是大勇。

刘邦做了皇帝以后，有一次生病，传旨谁也不接见，一连多日，大小事情都不得奏报，文武百官为朝中大事非常焦急，但又不敢进宫见驾。

为此，将军樊哙很恼火，径自闯进宫去，到皇帝床前高声说道：

“想当初，您在沛县起兵时是何等英雄气概，而今天下已定，精神怎么反而萎靡不振？您身有重病不和大臣商议国家大事，整天就和一两个太监待在深宫里。难道您忘了当年秦始皇病死时，宦官赵高假造遗诏，杀害公子与文武大臣，祸乱天下的事吗？”

刘邦听罢，立刻翻身起床，召见群臣，商议大事。

经过将军樊哙的提醒，刘邦立时振作，是因为明白“当得意时，须寻一条退路，然后不死于安乐；当失意时，须寻一条出路，然后可生于忧患”的道理；人生本来就是喜乐参半，顺逆错落的，但重点在于如何在这一波波起伏浪涛中到达彼岸，增长人生的智慧。

如同樊哙要告诉刘邦的，懂得居安思危，才是大智；处危知奋起，才是大勇。

临难得以不慌乱，是因为智者在安逸中知道戒慎恐惧；时势能够造英雄，是因为勇者知道在动荡不安中积极向上，他们不会让自己陷入进退维谷的境地，反而能在一次次的波澜中成熟心性，圆满人生。

# 运甓翁

开发自己的能量，把生命活力发挥得淋漓尽致，不是很好吗？

东晋名将陶侃平定苏峻之乱后，声威大震，因而引发权臣王敦猜忌，调为广州刺史。在广州担任刺史期间，陶侃深知悠游无事容易养成一个人怠惰、颓废的习性，因此他每天早晨将数百个砖块搬到屋外，傍晚再将砖块搬回屋里，日日如此，寒暑无间。旁人不解，问他个中因缘，他回答："我方正致力于平定中原，如果过分安闲放逸，将来恐怕无法担当重任。"

唐人元稹一首"运甓调辛苦，闻鸡屡寝兴"，与宋人黄庭坚笔下"谁令运甓翁，见谓牧猪奴"，两首诗中的"运甓翁"指的就是陶侃，世人更以此名称扬他不求安逸放纵，眼界长远的行谊与自觉力。

好逸恶劳是一般人的通病，有些人年轻时只求享受，不愿工作，整天游手好闲，蹉跎韶光，不知道岁月匆匆，忽焉已老。等到气血渐衰，再想亡羊补牢，已不胜负荷，只能空叹时不我予。

曾经，佛陀看到比丘们身心懈怠，不勤精进时，告诉阿难："夫懈怠者，众行之累。居家懈怠，则衣食不供，产业不兴；出家懈怠，不能出离生死之苦。"道绰禅师也在《安乐集》中指出："夫放逸者，是众恶之本。"因为常人总认为"还有明天"，于是滋长放纵的习性，消磨志气。每一个人都拥有源源不绝的潜能，逸游荒醉只会使活泼泼的生命力渐行消磨，甚至背弃了理想与初发心，终究事业不成、道业不克，白白地浪费了难得的人生。

陶侃常勉励人："大禹圣人，乃惜寸阴，至于众人，当惜分阴。"为人就该勤勉精进，开发自己的能量，把生命活力发挥得淋漓尽致，不是很好吗？

# 勤学如春起之苗

心志于学，持之以恒，自然进步有成。

东晋大诗人陶渊明，本来抱着济苍生、安社稷的壮志，因为受到压迫而结束仕宦生活，隐逸田园。某一天，乡里一位年轻的读书人向他请教为学之道。

“晚辈十分敬佩先生的学问，不知道读书求学可有什么妙法？”

“为学，哪有什么妙法。你可听过‘书山有路勤为径，学海无涯苦作舟’？做学问没有妙法，勤学则进，辍学则退！”陶渊明一脸肃然地回答。

读书人听了仍是满面疑惑，陶渊明便带着他走到屋外田园边，指着其中一棵禾苗，说：“你仔细瞧，看看禾苗是不是在长高？”

读书人凝视半晌，只见禾苗和原来一样：“晚辈没有见到禾苗长高。”

“年轻人，这禾苗时时刻刻都在生长，只是我们的肉眼没有察觉到。读书也是，学问得一点一点地累积、增长。只要勤学不辍，持之以恒，自然日久见其功。”

随后，陶渊明又指着河边一块大磨石，问：“你看这块石头，为什么会有像马鞍一样磨损的凹面，是在哪一天磨成的？”

少年摇摇头，不知何以故。

“这是农夫们天天在上面磨刀、磨镰、磨锄，凹面也随着年岁渐渐磨损而成。同样的，学习一旦中断，所学的知识，就会不知不觉慢慢遗忘。犹如磨刀石不见其损，但日有所亏。所以，为学之道无他，只有持之以恒，日日用功。”

陶渊明自觉读书没有什么秘诀，而为这位读书人写下：

勤学如春起之苗，不见其增，日有所长。

辍学如磨刀之石，不见其损，日有所亏。

“学如逆水行舟，不进则退。”人生不学则不会进步，只要有心志于学，持之以恒，自然进步有成。又譬如烧火煮水，如果不能不断添加柴火，水就无法烧开。无论为学或修道，都应耐烦有恒，精进不懈，只要能够坚持下去，假以时日，自然能有一番成就。

# 墨汁当醋蒜酱

要成功、有成就，靠的就是一份坚持与精进力。

“书圣”王羲之，为了练就一手好书法，常常是凝神苦思、废寝忘食。他经常在走路时，一边思考书法的结构，一边在衣服上来回行笔，年深月久，衣服也被划破；他每次练完字，便在家门前的池塘里洗毛笔、砚台，日积月累，池水由清转黑，成为有名的“墨池”。

有一回，王羲之正聚精会神地练字，忘了去吃饭。妻子郗浚便让家僮端一盘热腾腾的馍馍和一碗醋蒜酱，送去给他。王羲之仍旧专心伏案练字，家僮几次催促趁热吃下，王羲之只是随便应了几声：“好啦！就吃！”又自顾挥毫疾书。

家僮没有办法，只得去禀告夫人。郗浚来到书房，瞧见王羲之手里拿着一个馍馍往嘴里送，才一口咬下去，又赶紧吐了出来，弄得满嘴乌墨。看着妻子，王羲之不好意思地笑着说："吃错了！"原来，在吃馍馍时，他心思仍在练字上，而把墨汁当成了醋蒜酱，蘸着吃了。

王羲之勤学苦练的毅力与精神，造就他在书法史上不凡的地位。诚如曾巩在《墨池记》所说："以精力自致者，非天成也。"无论是学习或处事，要成功、有成就，靠的就是一份坚持与精进力。

《佛说孛经抄》中，佛陀以凿池做譬喻，勉励："人所欲为，譬如穿池，凿之不止，必得泉水。"《禅林宝训》也说："山中树林，一年生者，可作柴烧；三年生者，可作椅凳；十年生者，方可为栋梁也。"同样的，凡大事业，大成就，都必须持久有恒、奋勇不懈地努力耕耘才能致之。

只要我们专心尽力在目标上，分毫不马虎，扎实用功，还怕不能成功吗？

# 司空见惯的危机

即使天下太平，如果人人都已经习惯了安逸的生活，而不知防患于未然，这也是国家的危机啊！

隋文帝开皇年间，隋军打算大举伐陈。当时隋国的将领贺若弼，擅长于谋略，便布下了几个阵势，计划先从广陵引兵渡长江。

贺若弼首先安排人把军中的老马卖掉，再用这笔钱买入大量船只，密藏起来。接着，又购买五六十艘破船，停泊在河边，让陈朝的人误以为隋国并没有充裕的船备。

贺若弼又下了一道命令，要看守江边的营队换防时，先聚集于广陵，并且还要遍地插满旗帜、大设营幕。陈朝的人看到了，误以为隋军即将大举入侵，于是立刻准备了大队人马前往御敌。后来陈朝密探自隋营归来，说明了这阵势只是隋军驻江边的军队换防，并非出兵。

陈朝将领听了，便卸下了心防。几次之后，陈朝对隋国营队轮换戍防时，大军阵势的变动已经习以为常，也就不再特别设军防备。

除此之外，贺若弼又安排士兵们，经常沿着江边打猎，故意制造人马喧腾的假象，让陈军以为隋军不是在练兵，好让他们疏于警戒。

等到时机成熟了，贺若弼真正统领隋国大军渡江时，陈军营队的士兵们依然毫无警觉，饮酒取乐。就这样，隋军无须耗费一兵一卒，便轻松地一举过江，直逼陈营。

有一句话说“人是惯性的动物”。惯性，就好比地球每天自转，但是生活在地球上的我们，却一点都察觉不出来。个人在生活上的惯性，如果因习以为常而浑然不觉，便犹如“入芝兰之室，久而不闻其香”，或者是“入鲍鱼之肆，久而不闻其臭”了。

贺若弼善于掌握人性的弱点，因此略施小计，使敌军渐渐失去了警备，便能轻松地达到目的。而另一方面，这个故事也告诫我们，居安仍须思危，才能永保国家、人民的安乐。

类似的历史教训，如唐朝白居易的“惯听梨园歌管声，不识旗枪与弓箭”，以及孟子“生于忧患而死于安乐”等，无非是在说明，即使天下太平，如果人人都已经习惯了安逸的生活，而不知防患于未然，这也是国家的危机啊！

# 驴上推敲

谨慎是很好的生活态度，能处处谨慎的人，不会有重大的过恶。

贾岛是唐朝著名的诗人。一天黄昏，贾岛骑着驴在近郊蹓跶，望着平野流水和远处山寺的琉璃瓦，忽然得到好句子：“鸟宿池边树，僧敲月下门。”他高兴地吟哦，突然觉得不妥：“这么宁静的气氛，用‘敲’字，还是用‘推’字？”始终不能决定要推还是敲，总觉得两字各有意境，他兀自地想着，还在驴背上做出敲门和推门的姿势。来往的行人看见贾岛一副痴呆的样子，都很好奇地注视他，贾岛却浑然不觉，还是专注在他的“敲”和“推”字上斟酌。

正在此时，一队豪华的车队簇拥着京兆尹韩愈，迎面而来。贾岛的毛驴一头撞进队伍中，卫兵大怒，把他押到韩愈的座车前。贾岛发觉自己闯大祸，惶惑不安，只好期期艾艾地把事情的经过告诉韩愈。

韩愈耐心听完贾岛的叙述，又聚精会神地思索后，对贾岛说："'敲'字有动作，有声音，比较传神、精彩，还是用'敲'字好。"并将他无罪释放。贾岛这一推敲，韩愈这一定案，成为文学史上的佳话。

《四分律行事钞资持记》说："专志者有所诣也，摄虑者无异想也。"贾岛为求贴切的字，进入忘我的境界，浑然忘记周遭事物，用心斟酌，琢磨半天，只为了考量整首诗的意境。他所留下的这首脍炙人口的诗，即是《题李凝幽居》："闲居少邻并，草径入荒园。鸟宿池边树，僧敲月下门。过桥分野色，移石动云根。暂去还来此，幽期不负言。"诗作是浪漫的，诗人的态度却是非常谨慎。

谨慎是很好的生活态度，能处处谨慎的人，不会有重大的过恶。《大般涅槃经》说："谨慎无放逸，是处名甘露；放逸不谨慎，是名为死句。"这里说的"甘露"，就是指清净的涅槃境界。可知，佛经是非常称许谨慎的态度。一个修行者，能在行住坐卧中，谨慎自己的身、口、意业，即能让自己进入清净的境界。即使是从事世间营生，谨慎也是获致成功的重要态度。

# 卢楞伽学画

精进用功，如涉远路，勤行必能达。

唐代画家卢楞伽，是“画圣”吴道子的得意门生，善作佛画、经变，画风形似吴道子。他对吴道子十分崇敬，谦虚而积极地向老师学习。卢楞伽曾经应成都大圣慈寺的邀请，在寺中东西廊画“行道高僧”，颜真卿为壁画亲笔题字，画、字皆妙绝一时，时称“二绝”。

唐肃宗乾元年间，吴道子应长安总持寺邀请，为寺院画佛像。当时，卢楞伽也到长安观摩，看着老师的画，觉得自己的画艺不精，因此更是精进用功。

后来，卢楞伽为庄严寺作壁画，这一次他倾力尽心，一笔一划无不细心揣摩，甚至到了废寝忘食的地步。由于他过于劳心耗力，身体竟一天一天衰弱、消瘦，待他完成画作时病倒了。

吴道子听到消息，即刻前往探望。卢楞伽见到老师，既感激又惭愧地说："感谢您的教诲，我多想把您的画艺学好，可是我现在这模样恐怕不行了！"一个月以后，卢棱伽就病逝了。吴道子到庄严寺看着卢棱伽的画作，悲痛万分，他对人说："棱伽是为了学习我的笔法，精力用尽，劳累而死的啊！"

尽管卢棱伽因倾心尽力学画，精力殆尽而病逝，但他一心学画的精神，不仅造就他在画坛上的地位，更值得后人学习、效法。

佛经中在在劝诫我们要精进用功，像《大智度论》中说："勉强而勤修，穿地能通泉；精进亦如是，无求而不得。""如农夫勤修，所收必丰实；亦如涉远路，勤行必能达。若得生天上，及得涅槃乐，如是之因缘，皆由精进力。"《大乘理趣经》中写："世间诸果实，皆由精进生，精进尊贵本，应当勤勇猛。"

精进，不但是学佛修道者应该具备的精神，对于世间一切的学习也应如此，精进勇猛不懈怠，才能将任务完成。

# 学而不厌

朝夕勤修务，事业无不成。

偶然在书中看到一则阎若璩“以勤补拙”的故事，内容描述清代著名学者阎若璩，生下来就口吃，性子迟钝。进学校念书，一篇文章读了上千遍，仍然不能背诵。尽管如此，他仍坚信“勤能补拙”的道理，比其他同学下更多的功夫，一直到十五岁，终于读熟了不少书。

书是读熟了，可是书中的意义还不大理解。某个冬天的夜晚，已经夜深人静时，他还在思索书中的意义，却苦于找不到合适的词句解释。四更打过了，寒气更加逼人侵骨，阎若璩浑然不觉，仍然坐在书桌前苦思积虑，最后终于恍然大悟。

此后，他变得聪颖异常，更加努力地研究经史。他集晋代学者陶弘景、皇甫谧的话，作了一副对联贴在书房的柱子上，用以自励：“一物不知，以为深耻；遭人而问，少有宁日。”

勤问深思，学而不厌，正是阎若璩在学业上取得成功的秘诀。

佛陀时代也有一位学而不倦的尊者——钝根的周利盘陀伽，他在佛陀慈心教导下，日日专念“拂尘扫垢”，终于跨越愚笨无智的障碍，豁然得大无碍，证阿罗汉。

在《长阿含经》中，佛陀与善生谈到懈惰时，说：“朝夕不肯作，寒暑复懈惰，所为事不究，亦复毁成功。若不计寒暑，朝夕勤修务，事业无不成，至终无忧患。”诚如佛陀所言，凡有所求，凡有欲做，不管艰难大小、能力有无，只要我们朝夕钻研，朝夕精进，天下绝对没有“不可能完成的任务”。

# 马马虎虎

马马虎虎，使我们的心变得粗糙，变得躁动。

宋朝时，京城住着一位画家。某日，他正在画一只虎，刚好有人上门请他画马，于是，他自作聪明，把画好的虎头接画个马身。

买画的人问他："你到底画的是马还是虎？"

画家漫不经心地回答："马马虎虎。"

一旁的大儿子也指着画问，他随口道，是虎。一会儿，小儿子看到画，觉得怪异，他又胡乱回答，是马。

有一次，大儿子去打猎，看到一匹马，以为它是虎，为了保全性命，就放箭把马射死。结果，损失了一笔钱赔给马的主人。

又一次，小儿子在野外碰到一只老虎，天真地以为是一匹马，上前要骑它，结果丧生于虎口。

画家鉴于自己马马虎虎地教两个儿子识画，导致不幸的下场，痛哭流涕地把那幅画烧掉。并作诗一首，自我警诫。

马虎图，马虎图，似马又似虎。
大儿依图射死马，二儿依图喂了虎。
草堂焚毁马虎图，奉劝诸君莫学吾。

马虎图的例子在我们现实生活中随处可见。父母可曾仔细地听儿女们的心声？儿女对父母，除了责任，是否真心体会父母面对老病的恐惧？老师学生、主管属下……每个人都在应付繁重的事务，忘记了对方有悲愁有欢笑。事实上，不是用一张公文和签呈，就可以作为往来的沟通，不是用一番训诲就可以打开少年的青涩心窗！马马虎虎，使我们的心变得粗糙，变得躁动，再密集快捷的网络通讯，哪里比得上人和人心灵的一点灵犀？

古代的禅师淘沥沙米，百般地拣择，唯恐遗漏一粒米；煮茶挑水，移步严正，不舍洒落涓滴之水。他们恭谨身心，爱重天地万物，不敢丝毫马虎。

就如建筑的工程师，精准的丈量房子一寸一厘；如开刀的医师，一刀一线再造一个新生命。人生应该兢兢业业，丝毫马虎不得。

# 分秒必争的欧阳修

应该效法古德精勤不懈的精神，利用短暂的时光、有限的生命，发挥自我的力量。

欧阳修一生博览群书，尽管政事繁忙，仍不忘精勤于诗文写作，终成为宋代有名的政治家与文学家。

年轻时的欧阳修特别喜爱韩愈的文章，并引以为学习的榜样。欧阳修从政后，便利用其政治上的力量提倡古文，以革除过去为文浮靡、不实的风气，并让唐代以来的古文运动，在宋代展现出辉煌的成果，树立了实用而平易的写作风格。曾经有人好奇，他的灵感来自何处？哪来的时间思考？他自谦地说："余平生所作文章，多在三上，乃马上、枕上、厕上也。"

他一生的写作态度，严谨自持，往往一篇文章完成后，仍将它贴在墙上随时读诵、修改，直到满意为止。尽管如此，欧阳修依旧虚心请教他人，从不以此骄矜自满。

他曾说过:“为文有三多:看多、做多、商量多。”一直到现今,仍被写作者奉为撰写一篇好文章的要诀。

欧阳修晚年整理生平所写的文章时,经常字句斟酌、反复苦思,到深夜还不肯休息。一回,他的夫人看不过去,劝说:“为什么要这么辛苦呢?你的文章已经受到大家的肯定,还怕被先生责怪吗?”欧阳修笑着说:“不要误会,我不是怕先生骂,而是怕后生耻笑。”他一生对文字的坚持与精勤,由此可见一斑。

苏东坡曾评论欧阳修的文章:“论大道似韩愈,论事似陆贽,记事似司马迁,赋诗似李白。”并自谦“这不是我说的,而是天下人都这么说”。神宗皇帝也称赞他:“革浮靡之风,以道德镇流竞之俗,挺节强毅而不挠,当官明辨而莫夺。”另外,在明代作家茅坤辑录的《唐宋八大家文钞》里,亦赞叹欧阳修的文章“令人读之,一唱三叹,余音不绝。世之文人学士,得太史公之逸者,独欧阳修一人而已!”

佛陀开示:“人命在呼吸间”,要佛弟子透视人生的无常变化,生命的瞬息消失,须把握有限的时光,精勤行道。生存世间,有人了解光阴似箭,于是争分夺秒,要生命不空过;有人慨叹日子难过,倍感度秒如年,于是荒度岁月，消磨人生。时间的长短，不会因我们身份的高低而增减，不知珍惜，不懂运用，便如“蜉蝣朝生暮死而不怨，人生百年寒暑而不足”。

如何珍惜运用呢？佛教以“未生善令生起，已生善令增长，未生恶令不生，已生恶令断除”的四正勤为方法，以自利利人为修道努力的方向，为精进的目标。你看，历代多少哲人名士夜以继日、持续不断于个己的行愿，为后人创造无数的卓越贡献。

吾人的生命若能活得如“朝露虽易逝，但它润泽了大地；冬阳虽短暂，然而能消融冰霜”，才是有意义而丰富多彩的人生。因此，应该效法古德精勤不懈的精神，利用短暂的时光、有限的生命，发挥自我的力量，为自己也为世间写下辉煌的历史。

# 急来抱佛脚

平时就做好准备，储备足够的资粮，就无须担心临时抱不到佛脚的窘困了！

“抱佛脚”一词，原是佛弟子对佛菩萨行最崇敬的礼节，透过双膝跪地，双手伏地，以头顶佛菩萨的双足，与佛感应道交。唐代孟郊在《读经》中即有：“垂老抱佛脚，教妻读黄经”的诗偈，意谓年老之际才来学佛，求佛祖的庇佑。而后，用于称呼凡是对于事前未做好准备，等到火烧眉毛，才慌忙地应付，因此有“闲时不烧香，急来抱佛脚”的俗谚。

宋代刘攽在著作《中山诗话》也有记载关于“抱佛脚”的典故：

宋朝宰相王安石一日与三五好友谈禅论道，王安石突然一阵感慨，对众人说道：“我已年老力衰，也该与和尚作伴，穷日落月，以青灯伴古佛，度此一生！”随兴作了一句："投老欲依僧。"

座中有一位好友立时作了一句下联："急则抱佛脚。"

王安石大感不悦，以为对方是在嘲弄自己，便言："我说的'投老欲依僧'是一句古诗。"

这位好友笑一笑说："我念的是一段俗谚，倘若去掉您那句古诗的'投'，拿掉我这句俗谚的'脚'，不就是'老欲依僧，急来抱佛'的妙对吗？"

在座的大众皆为之大笑，王安石也转怒为喜，赞赏友人的才学智慧。

世间，人往往会有"临时抱佛脚"的心态。譬如平日不认真读书，一待考试才来开夜车，成效必然大打折扣；平常不懂得储蓄金钱，真要急用时，四处向人周转，也不一定得到他人的支持。因此，平时就做好准备，储备足够的资粮，就无须担心临时抱不到佛脚的窘困了！

# 药饵为刀刃

要知道“人外有人，天外有天”，总会有人比我们更好。

清朝时，有一位进京应考的举人，路过苏州时不慎染病，他风闻叶天士的名声，特地前去求诊。叶天士诊脉后，告诉这个举人：“你得的是消渴病，已无药可救。大概只剩一个月的寿命吧！”

这举人应试心切，仍然坚持进京赴考。到了镇江后，又向金山寺的老医僧求诊。老医僧诊断后，还是说：“是消渴病，寿命不超过一个月。”

“叶大夫说我已无药可救，请老医僧救我。”举人求老医僧救自己的性命。

老医僧教他：“你每天以梨为食，渴了以梨代茶喝，饿了蒸梨来吃，持续吃上一百天，必定痊愈。那叶大夫怎么可以说无药可救，岂不是误人性命？”

举人遵照嘱咐，天天吃梨，百日后果然奏效，病体痊愈。

后来，举人在苏州又遇见叶天士。叶天士大为惊异，当知道这举人是被金山寺的老医僧救活，因而摘牌停业，隐姓埋名，身着粗衣布衫到寺里拜老医僧为师。学徒多年，终得老医僧的真传。

我们无论是为学或做人，最忌仗着自己小有才华，或技艺超群，就沾沾自喜，自鸣得意。要知道“人外有人，天外有天”，总会有人比我们更好。学海无涯，永无止境，漠视或敌对、忌妒对方的成就，都不是解决之道；唯有以叶天士虚心求教、不耻下问的学习精神，不断地努力充实，才能提升自己的内涵与艺术。否则不但会在自得自满的深海中淹没，更可能害人于非命。

叶天士在临终时告诫孩子的一句话便是最好的借鉴：“医可为而不可为，必天资灵敏，读万卷书而后济世，不然鲜有不杀人者，是以药饵为刀刃也！吾死，子孙慎勿轻言医。”

# 梨园三怪杰

清楚自己的长短优劣处，而舍短取长，开创不凡的人生路。

这个时代，许多社会问题多半与一个人的意志、信心强弱有关系：遇到挫折或瓶颈时，容易万念俱灰，抑郁度日，放弃，抱怨，甚或欺骗他人。在一片萎靡乱象中，具奋起心、积极力，勇者无惧的典范，更显得可贵与难得。

清末时，梨园有三怪，瘸子丑角孟鸿寿、瞎子老生双阔亭、哑巴武生王益芬，都不因为身体的残缺而放弃人生，反倒精进习艺，成为梨园赫赫有名的怪杰。

其中，孟鸿寿先天残疾，因为患得软骨病，头大脚纤弱，驼背，两腿弯曲。他外貌丑，走起路来颠簸不平稳，却不自卑自弃，只是决心勤练艺法，发挥自己的特点，成为戏园争相邀请的名丑。

而双阔亭自小学戏，因病双目失明后，更是勤奋苦学，不辞辛劳，终于成就他登台演出的精湛技艺，成为梨园人人尊敬、名噪一时的须生。

天生就不会说话的王益芬，平日看父亲演戏，耳濡目染下将剧情、艺法铭记在心。每早天还没亮就起身练习武打，终于成为戏园里独一无二的武生。

这梨园三怪身虽残疾，却清楚自己的长短优劣处，而舍短取长，开创不凡的人生路。因为他们有不轻言放弃、知命不认命的信念，才有全力以赴后的声名与成就。

佛教提出的业力思想，不同于常人认为的命运，一切都得逆来顺受，无法改变。佛教认为往昔身口意造下的恶业，透过忏悔、修福、行善，仍可以净化身心，还得本来清净的面貌。这也是告诉我们，现下的事实并非永远如此，外在的残缺也并不可怕，重要的是拥有一份向上、向善的无畏心。就怕内心的残缺，自暴自弃，伤人害己，那就只有沉沦苦海，轮回复轮回的份了。

# 人生的阶梯

沉重的行李，各人的情况不同，往上爬行时为了减轻重量一一搁下，待老来回首过往，却发现幸福的钥匙在“沉重的行李”中。

有兄弟两人外出登山，下山后准备回到八十层楼的家，正好碰上大楼的电梯故障。两兄弟自诩为登山好手，何惧八十层高楼，于是振奋起精神，往上爬行。

爬到二十层楼，两人仍不觉疲累气喘，继续努力向上爬。到四十层楼时，两人开始感到腿酸，背在身上的行李装着登山器具，更觉得沉重，于是决定暂时把行李放在第四十层楼，等到有电梯可乘时，再来取回。到了六十层，已经感觉吃力，气喘吁吁，无力再往上爬，又想只剩下二十层，还有何难？最后的二十层阶梯，尽管辛苦、疲倦、气喘、流汗、力尽，他们还是坚持爬完了。当哥哥准备要开门时，忽然大喊：“糟糕！钥匙放在行李中，没有带上来!”兄弟两人顿时如泄气的皮球一般,感到一片茫然!

八十层阶梯,寓意着人生八十年岁月。年轻力壮时,思维活跃、学习力强,全天下都是值得冒险与尝试的新鲜物。四十岁以后的人生,正值事业顶峰,叱咤风云于职场,或为实现理想,或为糊口生活,铆足全力奋斗。六十岁以后,体力已大不如前,阅尽人间喜怒哀乐,开始为享受而生活。到了八十岁,齿已摇,发已苍白,终于要开启生命奥秘的大门时,却发现幸福的钥匙还放在“沉重的行李”中,忘了拿。

沉重的行李,各人的情况不同。可能是高堂老父母,可能是健康身体,也可能是美满家庭、旅游参学,往上爬行时为了减轻重量一一搁下,却待老来回首过往,空叹真正的幸福已无力回头取了。

# 信仰就是力量

只要我们有信心，则无事不能办，有愿必定成。

我有一位弟子名叫永文，长得庄严清秀。很不幸，在她二十岁左右，医生宣布她罹患“红斑狼疮”。这种病，比较常发生在二十岁左右的女孩身上，它会侵袭全身的免疫系统，病人的脸上会出现蝴蝶状的红斑，所以称为“红斑狼疮”，到目前还没办法根治。

当她告诉我自己得了这个绝症时，虽然表现得很坚强，但也看得出她内心的惊慌与难过。我告诉她，当一个人的疾病靠医药治疗、靠物理治疗、靠心理治疗……靠种种的力量治疗都没有用的时候，只有一种力量可以依靠——佛力，靠佛力可以治疗。

被医生宣布只有三个月生命的永文法师，辗转进出医院不知多少次，身上的骨头几乎换成钢铁来支撑。通常患了这种疾病，寿命不会超过十五年，她却奇迹似地活到现在。这十几年来，她曾在美国担任西来学校的校长，开朗的性格让她受到小朋友的热烈喜爱；回到台湾后，她协助名导演王童先生拍摄了一部《佛光山开山三十周年》纪录片，并且担任佛光山台北道场社教馆馆长、佛光卫星电台总监等，做得有声有色。

她懂得忘记病痛，心中记着佛法、记着感恩、记着自己的愿力，记着还有很多好事情没有完成。身患疾病，何须天天惦记着疼痛，不如以佛法作为心理建设，度过病痛的煎熬。

许多人生病之后，常常认为自己没有希望了，天天抱着沮丧的心情，反会加重病情。当病难、痛苦、烦恼都没有办法解决的时候，不妨真心诚意地皈投在佛陀座下。这是一种信仰，所谓“信仰就是力量”，只要我们有信心，则无事不能办，有愿必定成。

# 光说不做

“多做少说”，才能众志成城，让社会富强安乐。

有一部出租车行驶在车水马龙的道路上，突然间看到前面一个摩托车骑士飞快而来，刹那间轮胎打滑，连人带车倒下。出租车司机经过时，眼睁睁看着倒地的骑士鲜血直流，慨叹地说：“好可怜！怎么没有人扶他一把呢？”

等到车子到达目的地，乘客准备下车时，大声地责怪司机：“刚才那位骑士跌倒流血，你怎么不停下车来，扶他一把？”

出租车司机反怪乘客，说：“当时你怎么不叫我停车，让你下去扶他一把？”

乘客与司机相互责怪“没良心”，其实都是好说不好做。这种空谈道德伦理，却口行不一的行为时常可见。

那些慈悲仁爱、见义勇为、急公好义、正直无私的真正价值并非纸上谈兵，口上说说即是，应该是化为生命的力量，成为人格特质，利益大众才切实。

唯将力量都集中在“多做少说”，才能众志成城，让社会富强安乐。

# 勤俭致富

节俭不能致富，勤俭才能致富。一个人如果不懂开源，只晓得节省，怎么可能致富呢？

有一位拥有万贯家财的大富翁，接受新闻记者采访。记者问：

“听说您是以节俭致富的，可不可以为我们谈谈节俭致富的道理呢？”

“节俭并不能致富，勤俭才能致富。一个人如果不懂开源，只晓得节省，怎么可能致富呢？”

记者当下听了，茅塞顿开。原来，眼前这位富商巨贾的成就并非凭空得来，也是以智慧的经营，加上一番勤劳的结果。

“勤俭”与“节俭”仅一字之差，但“勤俭”比“节俭”更具积极性。“节俭”固然能蓄财，但是财富的源泉要靠“勤劳”去创造，例如勤于计划、勤于作务、勤于开源、勤于扩大等，懂得用钱，才会有钱！

勤劳是致富的第一妙诀。世上许多人怨叹自己贫穷，羡慕别人富贵，其实不需怨叹贫穷，只要肯起早贪黑，凡事亲力亲为，工作的时候走在人的前面，自然勤能致富，不必羡慕他人。

就是天上掉下来的黄金、钻石，在东大路或是在西大路，也要走到东大路、西大路，将黄金、钻石捡回来；高山、深海里有无限的宝藏，也要靠自己去开采、开发，世间没有不劳而获的财富，没有靠做梦就能有的收成，点点滴滴都得要自己勤劳才能获得。

# 年的来历

遇事“四两拨千斤”，那么就可以天天过年，而不必事事挂碍了。

每逢岁末，年节接近时，大街小巷无不充满欢喜的气氛，尤其初一一大早，就到亲友家里互道恭喜。这个习俗是有一个典故的。

传说，“年”是一头天上的野兽，凶猛无比，专以人为食物。玉皇大帝只准许它每年除夕下来人间一回，要是有谁运气不好，就成了“年”的美味佳肴。于是，每到除夕，人人恐惧张皇，家家门户深锁，不敢外出。

直到有一年，人们发现凶猛的年兽总是远远地避开某户人家，原来那户人家的大门上贴有红纸，而且燃烧竹子。这个天大的发现，就这么一传十、十传百，到了隔年除夕，家家户户都贴起了红纸，燃放爆竹，一时爆破的音响充塞虚空，此起彼落，火光映在红纸上，熠熠逼人，“年”兽被突如其来的景象吓得仓皇逃窜。至此之后，大家便知道驱赶“年”兽的办法，贴红对联、燃放爆竹、守更待岁，年年沿用，而成了中国民间过年的风俗习惯。

只要平安度过除夕，到了正月初一，“年”兽就不会再来吃人，所以大家见面时就会说：“恭喜呀！你没有被‘年’吃了，恭喜，恭喜！”

也有人说，“年”是说明中国社会的“年关”。为了过一个好年，那些没有做完的事情一定要完成，积欠的债务一定要还清，甚至除夕夜，债主都打着灯笼上门讨钱。除此之外，长辈还要办年货，家里面要除旧更新，儿童要讨压岁钱，还要穿新衣戴新帽，吃得丰盛。为了过年，就得辛苦预备许久，所以年过了，等于过一个“关”，值得“恭喜！恭喜！”

其实，“年关”也不是一年一次的。人在世上，如果能自我健全，肯动头脑用心思考，以双手双脚勤奋做事，让自己具备技能、学问、智慧；甚至锻炼自己能早能晚、能冷能热、能大能小、能饱能饿、能前能后、能多能少、能有能无、能贫能富、能荣能辱、能忙能闲，无所不能，遇事“四两拨千斤”，那么就可以天天过年，而不必事事挂碍了。

人生一世，能够平平安安就是过年，也就值得我们“恭喜！恭喜！”

# 人有三等

夜深人静独坐观心时，不妨扪心自问：自己究竟要做哪一等人呢？

当兵，分有上等兵、二等兵、三等兵，出家人也有上等僧、中等僧、下等僧。

什么是上等僧？他必须具备接引十方人士，传授佛法的能力，让闻者皆起大信心。中等僧，能维护道场丛林，即使无法发扬光大，至少能保护寺庙，供给大家修行的方便。下等僧，只会穿衣吃饭，迷糊过日子，不能称为“和尚”，只能称“和样”，因为下等僧只具备“和尚的样子”。

出家也有多种：有的人身心俱出家；有的人心出家，身没有出家，如在家修行的居士；有的身出家，心却未出家；有的人身心都不出家。

过去有一个禅师把僧人分为三等：上等僧，能够接受师父无理的教导，更耐得住种种的千锤百炼。中等僧，只能接受师父慈爱的教导，却经不起打骂棒喝的教育。下等僧，完全经不起锤炼，师父脸色稍不和气，声音稍微大一点，就抱怨师父待自己不好，喊着要离山返尘，放弃学道了！

人也分三等：上等人，对国家社会、对大众有贡献，能利益于人。中等人，能够享受大众给予的福利方便，也有心回馈大众。下等人，不但无益于社会，还只知道享受，甚至口说恶言，身做恶事，不明恩义的高尚与价值。

无论是出家人，或是在家人，夜深人静独坐观心时，不妨扪心自问：自己究竟要做哪一等人呢？

# 收获

往往“风险”会去敲每一个商人的大门，但袋子里的“成功”只送给有意志力、有眼光的商人。

东村有两个商人，每回外出经商都要由东村购置货物后，再背着货物爬过高山，到另一边山脚下的西村贩卖。甲商人每每爬山，无不怨怪：“哎，山太高了，爬不动。做生意真辛苦，又赚不了多少钱。”乙商人观念就不一样：“山再高一点就好了。这么险峻难爬，别人就会放弃，我就可以独家经营。”山愈高，他就愈欢喜、快乐。

甲乙商人对高山的解读不同，一个是阻碍，一个是商机，决定了两人事业的大小。世上，“困难”与“容易”并没有一定的分界，只在个人的看法不同。往往“风险”会去敲每一个商人的大门，但袋子里的“成功”只送给有意志力、有眼光的商人。

世上无难事，只怕有心人。成功，有时在于拥有一份不怕辛苦艰难、百折不挠、无畏向前的勇气与骨气，进而能冷静地观察时局，洞悉变化，做出最佳的决策，自然事有所成。

然而，常人易犯“只尝果，不看因”的毛病，一味着眼于别人的成就，却不知道探究成功背后的努力和因缘。这种小眼睛心态，无法谦虚地以别人的成就为榜样，成为自己的资粮，学习之、效法之。想要成功吗？就先审视自己付出多少；想要伟大吗？就先反省自己努力了多少。

一旦越过了峻岭高山，必定会是一片金黄闪耀的丰硕“果”园。

# 标准钟

一只狗不为时光流逝、人事变迁动摇，坚守对主人的忠义、情感。身而为人，是不是也应受到启迪呢？

有一对夫妻，太太在雪地里抱了一条小狗回来，要先生替这只狗起个名字。先生说："你从雪里面抱回来，我们就叫它'雪来'好了。"

"雪来"渐渐地长大，活泼好动，很得夫妻俩疼爱。先生在外地上班，每天五点下班就搭乘火车回家，"雪来"都会准时到车站接他。车站的过往旅客与工作人员，看到"雪来"每天都会在固定时间出现，等待主人回来，久而久之，大家便喊它"标准钟"。

几年后，先生不幸去世了，留下太太与"雪来"相依为命。她年轻貌美，并且在一所小学教书，同校里有一位男老师追求她，向她求婚。面对男老师热烈的追求，她的芳心为之打动，暗忖：独身一人生活不容易，既然对方心诚意坚，就答应嫁给他吧！

这一天，男老师亲自登门求婚，她正要答应的时候，“雪来”突然“汪、汪、汪”地叫了几声，跑出门去。原来是先生下班的时间快到了，“雪来”要到车站去迎接主人。这位太太目睹此景，心里想，“雪来”都能守得下去，我难道不能守下去吗？于是，她跟这位男老师表明自己的心意，要一辈子坚守对丈夫的忠贞。

秋去春来，多少年过去，火车站经过几次翻修，“雪来”虽然老迈行动蹒跚，还是固定到火车站去等待主人回家。来往旅客流动变迁，却是每个人都知道有这一只守时守义的“标准钟”。

一只狗不为时光流逝、人事变迁动摇，坚守对主人的忠义、情感，而得到“标准钟”的封号。身而为人，在道义与人格上，是不是也应受到启迪呢？

# 作家的计算题

我们的一生，究竟有多少时日是真正用心在生活？

有天下午，一个作家枯坐在自己的书桌前，绞尽脑汁还是没有任何创作的灵感。他一时心血来潮，拿了一张白纸开始计算自己如果活到八十岁，还剩下多少日子。就这样一张纸换过一张纸，突然他放声大哭，原来他领悟到，就算活到八十岁，这个世界剩下的日子却难以估计。

我们的一生，究竟有多少时日是真正用心在生活？还是汲汲营营于工作与生计，盲目于情感欢乐，贪着于物质享受，计较着高低前后，成天忙碌追逐，却不明白其中的真义？

雪峰义存禅师叹："光阴倏忽暂须臾，浮世哪能得久居。"我们放眼思考，宇宙浩瀚悠远，人生却短暂如朝露，能不把握当前，认真对待？

人生一世，草生一秋。在佛门，多少祖师大德视生命如珍宝，视时间如黄金，分分秒秒，刹刹那那都是真实的生活：大迦叶尊者纵使年老，仍然坚持头陀的修行生活；百丈禅师身体力行“一日不做，一日不食”的理念；印光大师时时观“死”，以此警惕，珍惜当前；大太阳下，老禅师回答道元禅师“现在不晒香菇，等到太阳下山才晒吗？”《大宝积经》中更描述菩萨“常做佛事，永不休息”的精进力。凡此种种，都是我们的借镜与榜样。

真正的人生不以岁月衡量，真心的生命超越时空。能以祖师大德们的态度，全心全意地生活，我们才能领会到真正的人生、真心的生命。

# 如何一举成名

如果不懂得勤奋努力，目的地永远遥遥无期。

有句话说“说食不能当饱，画饼不能充饥”，是告诫我们要想达成目标，完成理想，就要“说”与“做”一致，将理想付诸行动，倘若只知空谈理想、纸上谈兵，就只能遥望着理想，空自叹息了。

有一位青年，每天都想着如何“一举成名”，但是从来不去好好地做事。

有一天，他遇到大发明家爱迪生，青年赶忙趋前请问爱迪生，如何才能扬名天下。爱迪生知道青年的毛病，于是认真、笃定地告诉他：

“等你死后，很快就会出名了。”

青年不解，问道：“为什么一定要等到死后才会出名呢？”

爱迪生诚诚恳恳看着青年，对他说：

"因为你一直想要拥有一座高楼,可是从未动手去建,高楼当然不会凭空出现在你眼前。而你如果一辈子都活在空想之中,等你死后,人们就会经常提到你的名字,用以告诫那些只会做白日梦,却不肯动手去做事的人。如此一来,你不就能够达成名扬天下的心愿了吗?"

故事中的青年,只知空想,却不懂起而行,因此爱迪生以"死后留名"点拨青年,让他正视自己真正的问题,找出正确的道路——精进。

佛教的"四正勤",最主要就是借着精进行道,断除懈怠、空想,达成目标,因为"修行如驾上滩舟,暂歇篙时便下流;若不从兹勤努力,何时撑得到滩头"。修行也好,创业也好,想要扬名天下也好,如果不懂得勤奋努力,目的地永远遥遥无期,理想就只是空中楼阁了。

# 人生的责任

要善用自己的一分一秒，竭尽全力，才是为人之道。

现代社会讲究的不再只是学历、经历，更是要求一个人的品德及工作的态度。常有人说“做一天和尚，撞一天钟”，即是提醒我们，做事要有尽守本分、全力以赴的原则。

日本京都花园大学校长立花大亀禅师是当代有名的高僧，已故的池田首相不论公事、私事都求教于他，松下也经常向他请益。

有一天，松下问禅宗将来会如何？

大亀回答：“会自然消灭。”

松下大惊，质疑道：“既然如此，像您这样拼命弘法，到头来不是白忙一场吗？”

大亀说：“绝无此事，即使在禅宗消灭之前的一瞬间，我们还是要努力宣教，这是禅僧的责任。”

松下悟到："要善用自己的一分一秒，竭尽全力，才是为人之道。"我一生以"人生三百岁"的理念过活，弘法度群生、建寺安僧众、修学结人缘，无不是分秒必争，将自他的生命活出"无量寿"，为人间立功、立德、立言。

竭尽心力生活、行事的决心与使命，是和尚，是禅僧，是企业家，更是每一个人应该具备的，要将本分事认认真真做好、做对、做出成绩来。无论眼下面对的是撞钟的职责，是身负重任的职务，还是人生的逆流困境，不管艰难与否，都不放弃，不问结果如何，都要倾尽心力完成。相信在认真面对、谨慎处理当中，我们将意外获得生命中不可多得的财富。

诚如佛说："人有至诚，乃有道。"

# 两条腿

我们也能靠着自己的两条腿，为世界留下历史，为人间留下慈悲。

陈许好老太太皈依三宝时，按照佛门规矩，我替她取一个法名，叫作“慈介”。“介”字的下面算是两竖，人人就此喊她“两条腿”。

当我在修建高雄佛教堂时，她裹着小脚，到处奔波忙碌，募集经费；等到寿山寺要开工时，也经常看她一拐一拐地走来走去，为我们筹措建寺款项；后来辟建佛光山时，她还是每天热心奔跑，劝募净财，将开山工作视为自己的使命。佛光山建好以后，又见她不停地踩着碎步，为老人精舍及育幼院的建设而努力。我每次看到她，都被她那种为教奉献的精神而深深感动，总想上前和她说几句话。

街坊邻居看她如此卖力辛苦，都问她：“老太太，高雄这么大，为什么放着公共汽车不坐，况且您又不是出家人，何必到处行走化缘?”“师父这么慈悲，为我取名‘慈介’，重新赐给我两只脚，我要用它们为师父奔跑。”

慈介不但靠着两条腿走在人间的道路上，甚至可以靠着两条腿，走到西方极乐世界。

人人都拥有一双手可以创造宇宙，两条腿可以行遍千山万水。一九六九年，阿姆斯特朗登陆月球时说:“我的一小步，是人类的一大步!”他靠自己的两条腿创造人类非凡的历史，我们也能靠着自己的两条腿，为世界留下历史，为人间留下慈悲，为自己留下记录。

# 征服欲望

要想征服世界，就要以爱和宽容，征服自己的欲望。

古代欧洲有许多雄才大略的君王，四处征战，以扩大国家版图。亚历山大大帝为了实现征服世界、统御全人类的愿望，带领军队南征北讨。他曾经带领百万雄师攻打到埃及，当踏上埃及领土时，放眼望去遍地是滚滚黄沙，根本无法生存，因而转往东方，攻打印度；到了印度，映入眼帘的却是处处森林，他们又再冲过森林，随即又是一望无际的海洋跃入眼底。

当下，亚历山大大帝恍然大悟自己的“不能”，他明白：沙漠，我不能征服；森林，我不能征服；海洋，我不能征服，尽管我军强马盛，也是没有办法征服这个世界。

人类就是征服了世界，自己内心的五欲妄想也征服不了。

要想征服世界，就要以爱和宽容，征服自己的欲望。

你心中有爱，爱家人、爱朋友，甚至爱仇敌，“爱”能把敌人征服；你拥有宽容心，包容亲人、同事、朋友，包容整个社会、民族，“包容”能把宇宙征服。

痴想以扩展自己的欲望，让别人的一切成为“我所有”，永远也只能见得无边际的贪爱黄沙与嗔痴森林，唯有用包容、尊重、慈悲去面对世界，世界才会属于我们。与其像亚历山大大帝欲征服世界，不如回过头来，征服内心那无止无尽的欲望吧！

# 不请之友

热情、主动的发心，心甘情愿为人服务，给人欢喜。

有一位在电台服务的胡秀卿小姐，结婚以后便跟随一位有名的中医师学习中药和针灸。她把医理和佛学结合，药到病除，一针下去，很多疑难杂症都能治好。

这位胡秀卿女士是女中医会的理事长，有三四十年的时间，我在台中、高雄、台北等地讲演的时候，她都做我的不请之友，做我的司仪。担任司仪时，她仪态万千，音色美妙，平常不容易找到这样好的司仪。原来，为了做好司仪，她总是在佛学讲座前反复酝酿与练习，音声不完美，绝不停止练习。

一年之中，我举行的大型佛学讲座只有数场，其余小型讲座，我也不好烦劳她，虽然她不曾替别人担任司仪，但她以自信的口吻说："大师，我要把'不请之友'做好。"

不请之友，有着热情、主动的发心，心甘情愿为人服务，给人欢喜。中国人性格含蓄，情感内敛，不好意思、拉不下脸、讲究礼数……一条条葛藤束缚住出手为人的发心。

真正的菩萨不是高高端坐殿堂，熏香闻花，供善男信女膜拜，而是深具热情，走遍人间为童男童女、帝王将相、书生商人、老妪老农服务的“不请之友”。闻一声呼唤，菩萨随即现身解难；闻一个要求，菩萨立时伸出双手，助一臂之力；见一心苦痛，菩萨当仁不让地站出来，为你拔除毒根。

人间的善缘就是由此结下，好运更由此而生发，“不请之友”的美妙，只有亲身经历才知个中滋味！

# 何日君再来

人生就是一场一场的来去。在这些来去之间，我们有足够的把握吗？

佛光山的山门前，在题了“佛光普照三千界，法水长流五大洲”的楹联后，有人建议，牌楼后面可以再放一副楹联，给信徒游客离开寺院、走到山门口时多一个思考的因缘。于是，我又再写下一副对联，上联是“问一声汝今哪里去”，下联对应“望三思何日君再来”，横批是“回头是岸”。

《何日君再来》是红极一时的歌坛天后邓丽君唱红的一首歌。一九九五年，邓丽君去世后，世人也用这一句话纪念她、缅怀她：何日君再来？

“问一声汝今哪里去，望三思何日君再来”，这一副对联也可以作为每一个人自我反省的话头。比方说，在每天一早出门之前，问自己一声：汝今何处去？在纷纷扰扰尘世，汲汲营营的生活中，有时也停下来想一想：何日君再来？在是非善恶的边缘徘徊时，不妨告诉自己：回头是岸！

人生就是一场一场的来去，花开花落，来来去去；人聚人散，来来去去；呼气吸气，来来去去；上班下班，来来去去；出生死亡，来来去去……只是在这些来去之间，我们都有足够的把握吗？

譬如，早上出门到晚上回家，都有一定的时间，我们能有把握过好每一分钟吗？夜幕低垂，闭上眼睛时，我们有把握在明天睁眼醒来吗？

每天不忘平心自问：生命所有的来去，我是否能够掌握？是否能够自在洒脱？又是否清楚自己该往何处去，又从哪里来？

这么一次又一次的叩问后，我们会在珍惜当下中，愈来愈清楚自己该做的是什么，又该过什么样的生活。

# 信仰持之以恒

信仰持之以恒，一生一以贯之，终能获得信仰的利益，得到坚固的信心。

曾有信徒对我说："师父，我不念佛了。"

我问他："你不是已经念佛十几年了，怎么忽然不念了呢？"

他抱怨道："我买的股票一直跌停板，公司倒闭。念佛念了十几年，阿弥陀佛却没有保佑我事业顺利，念他干什么？"

并非阿弥陀佛不保佑，而是发心不正确。称念阿弥陀佛是我们信仰的目标，是宗教情操的培养，怎好把阿弥陀佛当作财神爷、当成财务经济人呢？

也有信徒对我说："师父，我不吃素了。"

"你吃素二十年，怎么忽然就不吃素了呢？"

"自从我吃素以后，身体就越来越虚弱，吃素有什么用?”

原来,他吃素是为了求得身体健康。要求健康就该多运动、重视营养保健,光是吃素就能让身体健壮吗?佛教提倡素食,是以慈悲为本,尊重生命为义,心中有“素”,慈悲善良尽在其中,才是重要。

有些佛教徒因为知见错误,没有持恒心,而改变信仰,放弃吃素念佛;也有佛教徒不管有钱没钱,生活顺利不顺利,仍然一心一意让佛祖心中坐,纵使身在逆境中,都能以佛法会意,自得其乐。

曾经有一位信徒罹患淋巴癌,医生判定他只剩两个月的生命,他面对死神追逼,不抱怨,不伤心恐惧,生活一如往常。每天四点半起床课诵,有空就到寺院参加法会、当义工。问起一身病痛,他一概坦然,轻描淡写处之,对佛法的信念,只有升华,没有退转。

信仰持之以恒,一生一以贯之,终能获得信仰的利益,得到坚固的信心。信佛,就要自我期许信仰纯洁无染,不求功名富贵与权势顺境,只为人格的升华,道德的增上,法界真如的自在解脱,才真高尚!

# 时钟的动

人生，就要把自己动员起来，才算是真正地活着。

曾经我在病床上体会到生命的真义就是要动，那时，因为一场疾病昏迷了许久，当我醒来时，意识模糊，弄不清自己究竟是死是活。看着对面墙壁上的时钟，那时长针正指到六点，我缓慢而无力地闭起双眼。过了好久，又将眼睛睁开来看，六点五分；闭起再睁开，六点十分。觉得时间过得好慢，像是蜗牛在时钟上散步一样。时间走得慢，我并不以为然，真正欢喜雀跃的是：我看到时钟在动，这表示我没有死。因为“动”就是生命的活力，“动”就是人生的真义。

常言道“要活就要动”，确实如此！人生，就要把自己动员起来，才算是真正地活着。动员你的眼睛，看书，看朋友，看世界，看有意义的事情；动员你的耳朵，听善言，听好话，听佛法，听鸟语，听美好的音乐；动员你的手，去做事，去种植，去服务，代老人家写信，带盲人走路，带小孩上车；动员你的脚，散步，走路，游天下；动员你的心，挖掘内在的宝藏，扩张内在的善心，将慈悲散发给人，以欢喜心和人相处、与人为善，贡献社会国家，感恩亲朋好友。

动员的人生，意义非凡。常说："滚石不生苔，流水不生蠹"，因为动才有活力与生命力，也才有希望。我常常提醒徒众，适当的休息是需要的，但过度的休息就应避免，因为将来到棺材里面，有长远的休息。

趁着还能动的时候，多多为社会人群、为自己的法身慧命，做一些服务与建设吧！

# 高尔夫开球

人生就是一连串的学习，唯有去学习、去体验，才能不断向前迈进。

曾经，信徒请我为高尔夫球赛开球。我一个出家人，高尔夫球场都没看过，也不懂得球赛规则，怎么开球呢？基于给人欢喜的理念，信徒盛意殷殷怎好拒绝。到现场开球的时候，我也得摆个专业姿势开球，只听到信徒连连称赞："大师你打得好准！""大师，你开球的姿势真好看！""大师，你也打过高尔夫球吗？"

殊不知这当中是有学问的，童年时期，一般家庭的生活并不富裕，小孩子没有什么娱乐，便自己动脑筋创造游戏。我们将木头削尖，再用一根棍子把尖的地方一击，木头跳起来时，趁势打出去，同伴们就要替我捡回来，就这样互相帮忙、合作，以此娱乐。这个打木头棍子的游戏，我们称作"打梭"，这个"梭"表示很快，所以常说

“光阴似箭，岁月如梭”，因有童年游戏的经验，对于打球的技巧，我也略知一二。

曾有个棒球员问我：“如何打棒球才能胜利？”我回答：“打棒球不是用力，是要用心。用心去感应，纵使球速再快，也比不上心的速度，用心的力量打棒球，必定比球棒更快更准，这就好像习禅者十分讲究心力的道理是一样的。”

如果没有童年的经验，在高尔夫球场上，我可能总是“挥棒落空”吧。因此，任何领域具备专业知识是必要的，学习和经验更不可或缺。

在科技不甚发达的时代，人类就能观察自然现象，推测天气变化，知道用唾手可得的材料制造工具，甚至文字的产生，都是由于祖先虚心向大自然学习，由生活的经验点滴累积而成。人生就是一连串的学习，唯有去学习、去体验，才能不断向前迈进，也才不辜负宇宙苍穹的因因缘缘。

# 养气

在专心读书、诚意待人当中，让自己多一些志气、骨气和胆气。

·

一九九五年，我在台北荣民总医院做了一次“心脏冠状动脉绕道”手术。手术前，主治医师张燕大夫，要我接受一个呼吸训练：“吹气要吹到二千毫升以上才能进行手术。因为手术后肺部容易积痰，必须将痰清除干净，身体恢复才会比较快。一般人，平常的呼吸量约一千毫升到一千五百毫升，手术后，肺活量的功能会减弱一半，若痰在肺部太久，会导致肺炎。所以，如果达不到二千毫升至三千毫升的标准，则考虑将手术延后，安全第一。”

但是我一口气，就吹到最高点四千五百毫升，据说这要一级运动员才能有这种肺活量。医生很讶异，说我有特异功能，或是练过吐纳、数息。我心里感到惭愧，平时打坐、念佛是有的，然而吐纳、数息，就没有这样的功夫了。

慢慢地，我才悟出一个道理：自小出家，就训练自己把二百六十个字的《般若心经》，及更长的《大悲咒》一口气念完，佛号更是念得绵绵不断。几十年岁月下来，念久了，气力油然而生，我的肺活量也就愈来愈大了。

养气，是人生的修养，对身心的健康也有极大的助益，《孟子·公孙丑上》便说："我知言，我善养吾浩然之气。"气不足，则易动怒，易躁进，不能成就大事。

纵观天下，有的人吃中药为补元气，有的人练气功为身体健康，有的人勤坐禅为能气定神闲，有的人修心养性为长养大气……其实诵经、念佛、读书也能养气，从专注精进诵经念佛的当中，增加自己的正气与健康，在专心读书、诚意待人当中，让自己多一些志气、骨气和胆气。

# 信女绣佛

效法她的耐烦有恒，为生命留下一段不朽的诗篇。

我的故乡有一个信女，年轻貌美，事亲至孝，在邻里间传为美谈。有一年，她母亲因为年老、旧疾复发，病倒了。信女带着母亲四处求医问诊，病情却未见好转。眼看着母亲终日为病苦折磨，她心痛不已。一夜，跪在观音菩萨前，她含泪祈祷，并虔心发愿：母亲身体若能痊愈，就以头发绣成一尊两丈高的观音圣像。

说来不可思议，她发愿后不久，母亲的病情就日渐好转。感于观音菩萨加被，她开始将发丝一根根剪下，劈成四条，发若游丝般在绣布里穿梭。一天天，一年年，黛绿年华的妙龄女子，已成了老态龙钟的老太婆；似秋水的双眸，也已朦胧不清。

经过六十年，两丈高的观音菩萨终于绣成，清净庄严，就像观音化现一般。虽然她双眼失明，那份宏大的愿心及毅力，不仅成为乡亲的行谊典范，也在人间留下不朽的价值。

这位信女的眼睛虽然瞎了，但是，菩萨的双眼却永远慈视着人间。她为母恩而奉献的精神，令人钦佩；那份耐烦有恒的坚持，更不是常人所能及的。

我们在读书求学时，是不是始终持有坚定的毅力与积极进取的态度？在工作事业里，是不是有愈挫愈勇的意志？在修道过程中，是不是能时时以清贫为乐，保有向道之心呢？信女的精神让人钦佩，我们是否也能自许，效法她的耐烦有恒，为生命留下一段不朽的诗篇？

# 力气大与肯发心

人心如同一畦荒田，播撒种子、勤于耕耘，才会有累累的收成。

记得我初到台湾的时候，在一个寺院里挂单。每逢要做挑柴、担米等粗重的工作，大家就会异口同声地说："星云比较有力气，让他去担柴、挑米！"那一段日子，我总是在晨曦未出时，拉着板车到十里外的市镇上拉油、盐、柴、米回来，以供寺院使用。

有时候，遇到上坡路段，我也只能一个人推着载了几百斤柴米油盐的板车，等到推上坡的时候，往往累倒在一旁呕吐，整个人感到阵阵天旋地转，头晕虚脱。我常想，做这些粗重的工作，是因为我力气大，但是有力气不是最重要的，愿不愿意发心，肯不肯做，才是最重要的。必须自己心甘情愿，愿意为大众服务，才能无怨无悔，无厌无惓地做下去，否则就算是举手之劳，都会没有力气。

大家说“星云有力气”只说对了一半，有力气外，还要肯发心，勇猛精进。发心，就是开发自己的心地；精进，就是不断地耕耘、照顾。人心如同一畦荒田，播撒种子、勤于耕耘，才会有累累的收成。佛陀在《长阿含经》谆谆劝勉：“若不计寒暑，朝夕勤修务，事业无不成，至终无忧患。”一旦发心立志，则无事不成，无事不办。

人生的田地极大且广，我们究竟是要良田万顷，年年都有收成，还是任其荒芜，连年歉收呢？

# 不肯去观世音

坚持“不肯去”，就有“安住身心”的力量。不变初衷，不为人是我非动摇，就会有大作为。

五代后梁贞明二年，日本慧谔和尚从山西五台山请得一尊观音，想要登舟东渡。经过浙江舟山群岛，就是现在的普陀山附近时，海面上竟长出铁莲花，不能出海成行，这样的情况出现了好几次。慧谔和尚心想，这尊观音大概与日本无缘，于是在普陀山建了一座“不肯去观音院”敬奉尊像，把这尊菩萨称为“不肯去观世音”。

《普陀志》写着：“见大士灵异，欲载至本国，海生铁莲花，舟不能行……得名以此。”并且被引用在清康熙《定海县志》内。舟山群岛这个地方，从此得了“莲华洋”的美称，而普陀山也从此成为佛教圣地之一。

在佛光山遇到类似的情形，地藏殿之所以会建在山门口，也有一段奇遇。十几年前，有人在别的地方建了寺院，想供养地藏王菩萨，就雇了一辆大卡车从高雄运载地藏王菩萨。当经过佛光山时，地藏王菩萨竟然从卡车上掉了下来。我心想：难道是地藏王菩萨不肯去吗？于是在原地建了一座地藏殿。这段奇遇也可称作“不肯去地藏王”吧！

社会上，许多机关团体、公司行号的员工流动率很大，一处不如意就换一家，甚至出现“一年换十二个老板”的纪录。佛教讲“安住身心”，古人言“良禽择木而栖，贤臣择主而仕”，寻得好树好主，便可奉献一生。遇到一份好工作，就要做个“不肯去员工”谨守本分，而不是像浮云流水一般，三五个月便不知去向。

佛教要求，学法闻道应当“依法不依人”，僧人求道，若依佛法不依人、不依情、不依五欲，坚持“不肯去”，就有“安住身心”的力量。工作时，心中只有公司的远景与担任的职务，不轻易改变初衷，不为人是我非动摇，就会大有作为。不肯去的人生，值得我们从另一个角度深入思考。